U0274475

新时代 ● 管理新思维

薪酬管理
与设计全案

胡华成 著

清华大学出版社
北京

内 容 简 介

对于员工来说，只有合理的薪酬才能使其有机会在大城市立足；对于企业经营者来说，想利用为员工"画大饼""打鸡血"的方式来降低用人成本变得越来越不现实。对于企业来说，短期的低成本使用人才并不能使员工真正留下来。为了解决降低成本与稳定人才之间的矛盾，企业需要一套切实可行的薪酬管理体系，本书主要介绍的就是这些方面的内容。

本书分为上下两篇。上篇是对薪酬管理的初步认识，主要讲述360°薪酬内容、薪酬发放、薪酬管理流程、薪酬管理误区、薪酬结构设计、基本薪酬、补偿薪酬和激励薪酬等方面的内容；下篇是如何设计薪酬体系，主要讲述薪酬体系、职位薪酬体系、绩效薪酬体系、技能薪酬体系和不同岗位薪酬体系应该如何设计。而且为了保证论述的全面性，下篇还特别增加薪酬调控方面的内容。

另外，为了增强实用性和可操作性，本书更是加入了很多经典案例及各种类别的表格和图片，这些资料都是可以直接拿来使用的。作为一本论述薪酬管理的工具书，本书不仅适合人力资源从业者阅读和借鉴，同样也适合企业管理者学习和使用。当然，本书还可以用作培训人员、咨询人员、高校相关专业学生学习薪酬管理与设计的参考资料。

图书在版编目(CIP)数据

薪酬管理与设计全案 / 胡华成著 . —北京：清华大学出版社，2019（2023.12重印）
（新时代·管理新思维）
ISBN 978-7-302-51967-6

Ⅰ.①薪… Ⅱ.①胡… Ⅲ.①企业管理—工资管理 Ⅳ.① F272.923

中国版本图书馆 CIP 数据核字（2018）第 295509 号

责任编辑：刘 洋
封面设计：徐 超
版式设计：方加青
责任校对：宋玉莲
责任印制：沈 露

出版发行：清华大学出版社
    网 址：http://www.tup.com.cn，http://www.wqxuetang.com
    地 址：北京清华大学学研大厦 A 座   邮 编：100084
    社 总 机：010-83470000   邮 购：010-62786544
    投稿与读者服务：010-62776969，c-service@tup.tsinghua.edu.cn
    质 量 反 馈：010-62772015，zhiliang@tup.tsinghua.edu.cn
印 装 者：大厂回族自治县彩虹印刷有限公司
经 销：全国新华书店
开 本：170mm×240mm 印 张：15.75 字 数：248 千字
版 次：2019 年 6 月第 1 版 印 次：2023 年 12 月第 8 次印刷
定 价：59.00 元

产品编号：081879-01

前言

在人力资源管理当中，薪酬管理是一个十分关键的基础模块。该模块既具有很强的理论性，又具有很强的专业性，更重要的是还具有很强的实操性和执行性。另外，薪酬管理也是相关法律法规中内容最完整的一个模块，最低工资标准、个人所得税、社会保险、住房公积金等方面，均或多或少地受国家和地区相关法律法规的指导。换句话说，薪酬管理在很大程度上要受到法律法规的限制。

但与此同时，薪酬管理又比较灵活，作为激发员工积极性和主动性的一个有效手段，薪酬的很多方面（策略、结构、标准、发放等）都可以组合成各种各样的形式。这也意味着，要想保证薪酬的有效性和激励性，只靠遵守相关法律法规是远远不够的，还必须适应市场、环境、企业、员工的不同需求。

实践证明，薪酬管理在企业中发挥着重要作用，如果这项工作没有做好的话，就无法充分激励员工。没有对员工进行充分激励，整个人力资源管理就无从谈起。基于此，薪酬管理者必须掌握与薪酬管理有关的理论知识和实操技巧。可以说，无论承认与否，薪酬管理者都已经来到了风口浪尖之上，同时也面临着各种各样的难题。为了更好地解决这些问题，薪酬管理者必须找到有效的措施，并制定比较完善的策略。

然而，从目前的情况来看，对于大多数企业的薪酬管理者来说，薪酬管理依然是一项非常巨大的挑战。之所以会如此，是因为这些薪酬管理者不知道薪酬管理的流程有哪些，薪酬结构应该如何设计，薪酬有哪三种类型，更不知道怎样才能把不同类型和不同岗位的薪酬体系设计好。

本书就是针对这些问题，教读者如何更好地进行薪酬管理，从而帮助读者在企业乃至人力资源行业中站稳脚跟。丰富的知识积累和多年的实践经验，被浓缩成这本书，奉献给每一位读者。本书不仅囊括了与薪酬管理有关的各种理论和技巧，还附带了一些可以借鉴的经典案例和精心制作的图表，可谓图文并茂。

俗话说："读万卷书不如行万里路，行万里路不如阅人无数，阅人无数不如名师指路。"本书为读者提供了诙谐幽默、浅显直白的文字内容，以及能够解决实际问题的途径和方法，目的就是要让读者在轻松愉悦的氛围中学到真正有用的东西。

通过对本书的学习，读者可以迅速领略薪酬管理的真谛，从而更好地应对薪酬管理过程中的各种挑战和问题。并且可以肯定的是，对于广大读者来说，本书的学习之旅将会是一段非常美妙的体验，同时也可以成为激励自己不断探索、不断前行、不断进步、不断提升的巨大动力。

目录

上篇 薪酬管理的初步认识

第1章 薪酬管理：360°薪酬＋薪酬发放＋流程＋误区

第 2 章　薪酬结构：设计要点＋调整＋策略

第3章 基本薪酬：类型＋变动因素＋支付形式＋支付方法

第 4 章　补偿薪酬：形式＋前提条件

第 5 章　激励薪酬：分类＋特征

下篇　如何设计薪酬体系

第6章　薪酬体系设计：原则＋策略＋方法＋3E 设计

第7章　如何设计职位薪酬体系

第8章　如何设计绩效薪酬体系

第9章　如何设计技能薪酬体系

第10章 薪酬调控：预算 + 控制 + 调整 + 沟通

第11章　不同岗位的薪酬体系设计

第12章　展望并把握薪酬管理的未来

上篇

薪酬管理的初步认识

第 1 章

薪酬管理：360°
薪酬＋薪酬发放
＋流程＋误区

在人力资源管理的六个模块中，薪酬管理是比较核心的一个。简单来说，薪酬是企业向员工支付的报酬，同时也是二者对"劳动"进行交易的价格，而薪酬管理则是让这个价格变得更加多样和合理的工具。对于人力资源从业者来说，薪酬管理是一项必备的技能，如果没有掌握的话，不仅会严重影响自己的工作，还会给领导留下不好的印象。

1.1　360°薪酬中的经济性薪酬

从一般意义上讲，360°薪酬一共可以分为两类，分别是经济性薪酬和非经济性薪酬。其中，经济性薪酬主要指的是固定工资、月度奖金、年度奖金、保险福利、带薪休假、利润分享等。在进行薪酬设计的时候，人力资源必须要重视经济性薪酬的分配和发放，因为该类薪酬具有非常直接的激励效果，可以在很大程度上提升员工的工作热情和工作积极性。

1.1.1　固定工资

固定工资是企业按照相应的工资标准为不同岗位等级规定的一个固定数额。这个数额一旦被确定，便长期保持不变，而且不与企业的实际经营状况挂钩。一般来说，该类工资对应特定的岗位等级，根据岗位等级又可以划分为三种工资率，分别是低位工资率、中位工资率和高位工资率。固定工资的优势在于以下几点，如图1-1所示。

图 1-1 固定工资的优势

1. 操作方便

操作方便往往指的是计算方式简单。具体来说，在月末结算时，只要在固定工资的基础上，按照员工的实际工作日发放相应的数额即可。

2. 稳定性好

固定工资可以让员工感到收入有保障，能增加他们的安全感。这里可以将两种工资制度做一下对比。A 企业的月固定工资是 5 500 元，但是绩效奖金不高，福利待遇也没有那么好；B 企业的月固定工资是 2 500 元，但是绩效奖金非常可观，而且福利待遇很好。那么对于那些比较需要钱的员工，A 企业的固定工资显然更有吸引力。

3. 适用性强

固定工资便于调整，非常容易让员工接受，而且也特别适用于那些程序性、基础性的工作岗位，因此，固定工资的适用性比较高。

当然，固定工资也有缺点，例如，无法激励员工，不容易使其提高工作效率等。再者就是工作效率和工资数额不挂钩，久而久之，那些优秀且工作效率高的员工，很可能会选择跳槽，从而严重影响企业的正常运营。

1.1.2 月度奖金

月度奖金一般是企业所属部门根据自身情况，在每月末，按照绩效考核结果为员工发放的现金奖励。一般来说，绩效考核指标的数量及现金奖励的额度，会根据部门的不同而有所不同。

月度奖金的好处是奖励及时，可以在月末对上个月的工作情况进行评价，这种做法有利于刺激员工的工作积极性，从而帮助各部门提高工作效率。

但是，月度奖金也有缺点，一是评价很可能会存在主观性，使得员工之间分化过大，以至于月度奖金总是固定在某几个员工身上，这在实际效果上会与设置初衷相悖；二是企业要因此承担一定的经济压力，而且员工的留存也无法保证，所以，风险性比较高。

以新兴企业"大象公会"为例。该企业会按照员工的创作数量及文章阅读量对其进行绩效考核，并在月末以金钱的形式奖励那些绩效考核评价比较好的员工。因为绩效考核指标比较全面，奖励数额也比较可观，所以，在激励效果上很理想。

🉐 1.1.3　年度奖金

除月度奖金外，还有年度奖金。这里要区分年度奖金和年终奖的区别，前者指的是企业在年末为那些绩效表现好或者做过较大贡献的员工和管理者发放的奖金，而后者虽然在发放时间和发放初衷上和前者类似，但是形式并没有前者规范。

年度奖金是企业的一种激励方式，其激励作用和月度奖金比起来要更加长效和稳定。年度奖金的数额是根据绩效考核结果而定的，员工只有在一整年中为企业创造了良好的效益，才有机会获得这个奖励。

对于企业而言，如果发放年度奖金的话，就降低了发放月度奖金的员工流动风险，而且成本投入和效益收入的比例也会更高。另外，年度奖金是从整体着眼，这样会更加公平，也更能得到员工的认可。

不过，年度奖金这种方式也有缺点，原因是虽然对于企业而言更加有利，但是对于员工而言，往往要等待一年才可以得到，而且要是连续几年都没有得到的话，那么其激励作用就会受到非常严重的影响，所以，公司可以适度放宽考核标准，用年度奖金激励某些员工奋进，还可以提高留存率。

🉐 1.1.4　现金补贴

补贴是企业常用的保障和激励员工的一种经济性薪酬。国家财政部门常用的补贴方式主要有医疗补贴、教育补贴、农村发展产业补贴等。企业和事业单位用于补贴的方式也有很多，例如，住房补贴、交通补贴、通信补贴、用餐补贴、出差补贴等。

现金补贴可以看作固定工资的补充，但相对于奖金而言，其数额较少，并且发放周期较短。此外，在效果上，现金补贴不仅可以有效补充固定工资过低而给员工造成的不满，还可以避免月度奖金可能存在的风险，以及年度奖金的激励失效。

当然，现金补贴也有弊端，例如，数额较小，形成不了激励作用。再者，补贴方式过多，管理起来比较麻烦。另外，有些企业可能会利用不正当的现金补贴来逃避本应承担的义务，例如，用现金补贴代替应该为员工缴纳的五险一金。

🅟 1.1.5　保险福利

前面介绍的几种经济性薪酬都是以现金的形式发放的，而保险福利则是以非现金的形式发放的，也可以看作是一种激励方式。通过员工意外保险、员工医疗保险、员工养老保险等多种保险福利，把整个企业整合成一个充满凝聚力与向心力的团体，从而发挥出整体大于部分之和的作用。不过，这里需要注意的是，因为保险福利是作为固定工资的补充而存在的，所以，企业必须要把握好其在整体薪酬中的比例。

可以说，发放保险福利的目的是促进整体员工的凝聚和团结，但即使如此，仍然要将其与绩效考核结果关联起来，因为如果盲目地进行集体激励，难免会造就一批懒人。

另外，保险福利的数量和额度也必须控制好，因为企业的最终目标是盈利，所以不能使其发展成为一种真正的福利制度，照顾到员工生活的方方面面。最后，员工名单的确定和保险福利的发放一定要秉持公开透明、标准一致的原则，否则会造成部分员工的不满，进而导致激励作用的消失，以及工作效率的降低。

🅟 1.1.6　带薪休假

带薪休假可以分为两种。一种是法定节假日，例如，劳动节、中秋节、国庆节等。另一种是按工作时间计算的。按照我国现在的司法解释，员工连续工作满 12 个月以上的，享受带薪年休假；员工累计工作满 1 年不满 10 年的，年休假 5 天；已满 10 年不满 20 年的，年休假 10 天；已满 20 年的，年休假 15 天。此外，在我国，有些员工还享有寒暑假、探亲假、病假、事假等多种休假。

当然，还有一些情况是不能享受带薪年休假的。例如，员工依法享受寒暑假，且寒暑假天数多于年休假天数的；员工请事假累计 20 天以上且单位按照规定不扣工资的；累计工作满 1 年不满 10 年的员工，请病假累计 2 个月以上的；累计工作满 10 年不满 20 年的员工，请病假累计 3 个月以上的；累计工作满 20 年以上的员工，请病假累计 4 个月以上的。

在我国，法律既规定了员工依法享受的休假权利（任何企业都不能非法剥夺），又规定了员工享受其他假期的同时不能享受带薪年休假的条件。这样的话，不仅保证了员工的利益，而且也保证了企业的利益。可以说，带薪休假有利于规范和调节企业与员工之间的关系，从而使劳资关系更加有秩序。

🈸 1.1.7　利润分享

利润分享又被称为劳动分红或利润分红，指的是企业在每年年终时，按照一定比例从总利润中提取一部分作为分红资金，然后根据员工的实际情况进行一定数额的分配，最后以红利形式发放的劳动收入。

利润分享的特点是总数额由高层管理人员决定（通常是将达到了预期收益目标之后的那一部分，直接作为利润分享的总数额）。在分配依据上，利润分享不与员工的绩效表现直接挂钩，而与员工的薪酬水平息息相关，因此在激励效果上也不同于固定工资和奖金。在分配方式上，常常采用薪酬的固定百分比分配和薪酬的累计百分比分配。最后就是，利润分享是针对企业年终利润的再分配，属于企业内部的再分配，并且具体的数量和规模与企业扩大再生产相互影响。

另外，利润分享也有不少好处。一方面，它可以把企业的整体收益与员工的个人收益联系起来，使员工和企业成为一个共进退的整体，从而增强员工的动力，提高整体效率；另一方面，短期的工资支付形式不能充分反映全年的企业经营状况，而利润分享则不仅能反映企业的整体状况，还有助于补充其他经济性薪酬的不足，从而协调企业与员工之间的分配关系。

1.2　360° 薪酬中的非经济性薪酬

非经济性薪酬指的是不以经济形式给予员工的报酬，具体包括工作认可、挑战性工作、工作环境、发展晋升机会、能力提高、职业安全等。一般情况下，该类薪酬会为员工带来精神上的满足，而这种满足对员工来说是非常重要的。

目前，非经济性薪酬的地位已经越来越重要，很多企业的人力资源部门都对其给予了高度重视。另外，随着"以人为本"等管理理念的发展，非经济性薪酬已经被纳入很多企业的薪酬体系当中。

1.2.1　工作认可

只要完成了一项工作，就可能面对两种情况：一种是获得称赞，另一种是受到批评。通常情况下，如果因为工作完成得不好而受到批评，绝大多数员工虽然心里会不开心，但还是会想办法去改正；如果工作完成得比较好，那么员工在获得称赞之后自然会非常满足。

试想一下，如果一个员工把工作完成得很好，但并没有得到认可，那么久而久之，他很可能会选择离职。要知道，招聘员工需要经过严格的程序，培养员工更是需要消耗大量的人力和财力，所以，企业并不希望看到员工离职。基于此，对于员工已经完成的工作，企业必须给予及时的正面回应，才可以达到留存和激励员工的目的。

对于企业来说，在管理上对员工进行适时的批评和纠偏很重要，这样可以防止员工犯错误。与此同时，对员工的工作予以适度的夸赞，那么员工的信心就会增加，所产生的荣誉感也会使其更好地完成工作。对于员工而言，只有自己的工作得到了认可，才会有成就感，才会有继续努力下去的动力。由此来看，对员工的工作给予适时适度的认可，是非经济性薪酬中非常重要的一个方面。

🖋 1.2.2　挑战性工作

挑战性工作指的是那些完成起来并不是很轻松的工作，那么员工选择挑战性工作的原因是什么呢？主要有以下两个。

首先是工资，因为工资和工作的价值是相匹配的。对于那些在一线城市打拼的青年而言，每月的衣食住行往往需要很大的一笔费用，如果工资过低，就有入不敷出的尴尬，而且未来花销也逐渐成为一个必须要考虑的因素。在这种情况下，挑战性工作似乎就成为一个"不得不"接受的选择。

其次是当员工做的都是日复一日的工作，时间久了难免会发现工作内容并没有要求匹配日新月异的技能，那么在这种情况下，尽管员工工作起来熟练轻松，但是在实际的心理体验上并没有满足感，也没有获得本应该有的激情。相反，往往随之而来的是厌恶和怠惰，这不仅不利于员工的健康成长，而且还不利于企业的长远发展。

既然挑战性工作对企业和员工都有着重要作用，那么其自身所具备的"挑战性"该如何界定呢？这是一个很关键的环节。工作的挑战性不够，这种激励方式就会失败；挑战性过大，则会导致员工耗时耗力也无法完成，同样也会得不到好的结果。因此，在安排挑战性工作时，应该尽量安排那些稍微超出员工能力的工作。

🖋 1.2.3　工作环境

员工在一个良好的工作环境中工作，往往会心情愉悦，很有动力。而一个较差的工作环境，则会让员工心理落差过大，工作没有干劲，进而导致各部门之间难以合作，严重影响企业的正常运营。通常来说，衡量工作环境是否良好的标准包括以下几个，如图1-2所示。

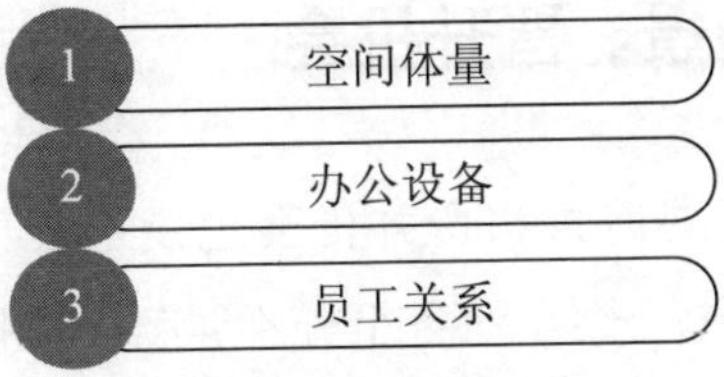

图 1-2　衡量工作环境是否良好的标准

1. 空间体量

良好的工作环境最先体现在空间体量上。宽敞、通透、安静的工作环境，才会让员工感到舒心。相反，如果工作环境狭小、晦暗、喧嚣的话，员工很难在其中用心工作。

2. 办公设备

良好的工作环境，还体现在办公设备上。办公设备一定要齐全，并且性能良好，例如，计算机运行速度要快，安全性能要好等。不妨试想，如果某位员工分到了一台计算机，不仅工作时运行十分迟缓，而且还容易出现故障，那么这位员工的工作心情和工作效率自然会受到严重影响。

3. 员工关系

良好的工作环境，最后都会体现在员工关系上。企业要定期举行一些活动，拉近员工之间的距离，加强员工之间的沟通和交流。否则的话，如果员工之间相互淡漠，甚至钩心斗角，那么他们很可能会因为厌倦和没有归属感而选择离职。无论是对于企业来说，还是对于员工来说，这都是非常不利的。

以一家深受年轻人喜爱的自媒体企业"浪潮工作室"为例。该企业的空间虽然不是很大，但是明净敞亮，而且四周还摆放了许多绿植和装饰品，艺术气息非常浓厚。在办公设备方面，用的都是最新型的、配置特别好的计算机，还配有打印机和许多参考书籍。

另外，工作室的隔间是一个非常精美的会议室，在装修上与茶吧相类似，平时用于讨论选题、宣布重要事项等，也作为员工在工作之余聊天休息的地方。在如此良好的环境下工作，该企业员工的工作质量和工作效率都非常高。

🔖 1.2.4　发展前景、晋升机会

对于员工而言，发展前景和晋升机会也是选择一份工作和一个企业的重要考量。例如，一家规模很小，业务十分不景气，也不属于新兴产业的企业，很多有追求、有能力的人很可能不愿意在此入职。

一般来说，能为员工提供发展前景和晋升机会的都是具有一定规模的企业，因为在这些企业内部，往往有着明确的职能部门，较多的岗位层级，透明的晋升渠道，公开的程序规则。不难想象，肯定有很多人都愿意进入这样的企业，主要目的就是能够在其中通过自己的努力一步又一步地得到升迁，进而得到一个理想的岗位。

当然，也并非只有规模大的企业才能够为员工提供相匹配的发展前景和晋升机会。一些企业规模虽然比较小，但是很可能具有非常强的竞争力，新员工在里面也能学到很多的知识和技能。例如，一些规模较小的文化或科技企业，可能只有几十个员工，但是他们做的都是极具创新性的工作，而且都有自己十分擅长的方面，相互之间可以不断学习，共同进步。"大象公会"就是这类的一个典型代表。

还有一种是处于发展初期的企业，虽然当下不能满足员工的预期，但是却有着一个光明的未来，那些有眼光的员工仍然会选择留于此地。雷军创立的小米就是一个具有代表性的案例，因为最开始的时候，小米的员工只有十几个，但是现在已经发展成为一家知名的上市企业。

总之，发展和晋升本就是企业给员工的一个期许，不论是较成熟的企业，还是刚刚成立的企业，抑或是规模本就不大的企业，都能为员工提供这种条件，让员工深刻感受到企业的诚意和努力。

🔖 1.2.5　能力提高

通过一种并不是十分严谨的方法，可以将工作分为两类：一类是消耗性工作，另一类是汲取性工作。具体而言，消耗性工作指的是完成过程中需要一直消磨原有的知识和当前的精力，而很少能掌握新技能的工作，例如，教学工作、生产工作、种植工作等；而汲取类工作指的是完成过程中

可以帮助员工学习新技能和新知识的工作，例如，开发工作、管理工作、创新工作等。

上述两类工作的区分标准并不是职业的高低贵贱，而是实际的工作能力。单就学习而言，从事汲取性工作的员工要比从事消耗性工作的员工得到更多。实际上，大多数员工都希望可以在工作过程中学习更多知识和技能，以便尽快提升自己的能力，所以，对于激励员工来说，能帮助其提升工作技能是一个非常重要的条件。

例如，有些企业会安排老员工手把手指导新员工，新员工转正后还要进行定期的访问学习等。而有些企业的新员工就没有这些机会，这些企业往往只为新员工提供浅层次的入职培训，就职期间也没有学习培训的机会。那么对于员工而言，前者提供的条件要比后者更加具有吸引力：一方面，可以使自己的能力得到进一步提高；另一方面，可以帮助自己尽快成长。

1.2.6　职业安全

职业安全指的是员工在入职后能够获得的安全保障。几乎对于每一个员工来说，职业安全都是一个选择工作和企业的重要依据。如果安全无法得到保障，那么工作所获得的金钱、荣誉、成就、个人成长等一切回报也就都没有了意义。一般来说，职业安全可以划分成以下三个部分，如图 1-3 所示。

图 1-3　职业安全的三个部分

1. 环境安全

首先是环境的安全。例如，一家企业的办公区域的装修材料是不是达到安全标准，房屋是不是刚装修完，甲醛浓度有没有超标。另外，企业所在的办公楼的安全情况也非常重要，如电梯设备、防火设备、安保措施等是否足够健全。

2. 身体安全

其次就是对员工身体安全的关注。例如，入职前的全面体检，入职后的定期体检，离岗时的必要体检等。这样的做法可以让那些因为工作而给自身健康带来伤害的员工得到应得的回报和补偿。

3. 心理安全

其实，从身边不时涌现的例子可以看出，有一些员工很容易因为工作而精神抑郁，严重的甚至会选择自杀，这些例子出现的根源就是企业太少关注员工的心理健康，而且在管理上不够人性化。例如，为了创造一种狼性文化而要求员工互相打脸，寒冬腊月要求员工互相泼冷水。长期如此的话，员工的心理防线很可能被击溃，以至于出现抑郁和自杀。

一个企业应该对自身的安全环境严格把控，对员工的健康状况密切关注。只有这样，才会让员工产生归属感，从而留住员工，激发员工的斗志。可以说，在当下这个时代，职业安全等非经济性薪酬要比经济性薪酬更加重要。

1.3　给员工做工资、发工资

对于人力资源来说，最基础的工作应该就是给员工做工资、发工资。但不得不承认，很多人力资源从业人员并不知道应该如何快速准确地制作工资表，如何理解并执行最低工资标准，如何巧妙地计算个人所得税，如何合理规避个人所得税等。本节就来帮助大家解决这些令人头疼的问题。

1.3.1　制作规范的工资表

对于员工而言，进入一家企业之后，工资无疑是首要关注的焦点之一。基于此，工资的计算和发放是否规范就变得异常重要。例如，有些员工每月只能拿到比较微薄的工资，从工资表上的明细可以清清楚楚地知道自己的工资构成，而有些员工虽然工资拿得多一些，但人力资源部门并没有给员工列出工资明细，那么前者在心态的稳定性上肯定要高于后者。久而久之，后者就会觉得自己所在的企业根本不靠谱，而且以后一旦出现经济上的纠纷也无据可依，难免让员工很没有安全感。

既然一份标准的工资表对于企业维系员工有着如此重要的作用，那么，规范的工资表到底应该如何做呢？示例见表 1-1。

表 1-1　工资表模板

计薪周期：　　　　　　　　　　　　　　　　　　　　　　打印日期：

序号	部门	姓名	基本工资	绩效工资	补贴	工资总额	养老（个人）	养老（企业）	医疗（个人）	医疗（企业）	失业（个人）	失业（企业）	工伤（企业）	生育（企业）	住房（个人）	住房（企业）	考勤扣款	个人所得税	其他补贴	其他扣款	工资实发	企业福利支出	企业支出合计
1																							
2																							
3																							
4																							
共计																							

从工资表的构成来看，首先是员工姓名、员工所在部门等非常基本的要素。其次是各部门对应的基本工资，以及员工应得的绩效奖金、相关福利、补贴、扣款等。可以说，工资表的内容非常细碎、繁杂，因此，在制作的过程中必须要注意每一个细节，毕竟这会关系到员工的切身利益，一旦出错，非常容易影响员工的情绪。

1.3.2　注意最低工资标准

最低工资标准指的是员工在法定工作时间或者劳动合同规定的工作时间内完成了规定的劳动量，企业据此应为其支付的最低劳动报酬。最低工资一般采取两种形式：一种是月最低工资标准，另一种是小时最低工资标准。前者适用于全日制就业的员工，后者则适用于非全日制就业的员工。通常情况下，最低工资标准每一到三年就会调整一次，而且最低工资标准不包括加班费、特殊工作环境下的津贴和福利待遇。

最低工资标准确立的依据一般有当地城镇居民生活费用支出、员工个人缴纳社会保险费、住房公积金、员工平均工资、经济发展水平、失业率等。确立的方法一般是恩格尔系数法（居民食品消费占消费总额的比重）和比重法。其中，恩格尔系数法就是按照相关数据，计算出最低食物支出标准，除以恩格尔系数值，再与赡养系数值相乘，加上调整数。比重法把一定比例的最低人均收入户确定为贫困户，再将其人均生活费用支出水平统计出来，与每一就业者的赡养系数相乘，再加上一个调整数。

最低工资标准的实行，是国家为了保障每一位员工的基本生活水平，要求企业在员工提供正常劳动的情况下必须支付给员工不低于这一标准的工资报酬。因此，任何企业在进行薪酬的发放和管理时，都必须注意当地最低工资标准的变化情况，严格按照《劳动法》中的相关规定执行这一标准，否则将会受到法律的制裁。

1.3.3 巧妙计算个人所得税

目前，我国对于个人所得税的征收采取七级超额累进税率，如表 1-2 所示，从 2011 年 9 月 1 日对原来的 2 000 元起征点进行调整之后，很长一段时间下的起征点都是 3 500 元。不过，2018 年 6 月 19 日，《中华人民共和国个人所得税法修正案（草案）》提出将个人所得税起征点上调至 5 000 元。

表 1-2 个人所得税征收采取的七级超额累进税率

全月应纳税额	税率（%）	速算扣除数（元）
0～3 000 元	3	0
3 000～12 000 元	10	210
12 000～25 000 元	20	1 410
25 000～35 000 元	25	2 660
35 000～55 000 元	30	4 410
55 000～80 000 元	35	7 160
80 000 元以上	45	15 160

通过表 1-2 可以看出，为了避免工资达到一定数额后必须进行分级计算的麻烦，每一级税率都有对应的速算扣除数。因此，要想计算个人所得税的话，只要用全月应纳税额乘以对应的税率，再减去速算扣除数即可。可以说，

个人所得税的计算还是比较简单的。那么如何计算才能帮助员工减少个人所得税的缴纳数额呢？

因为个人所得税采取的是超额累进税率，通常会有相应的峰值，例如，35 000 元、80 000 元、12 500 元等，不同的峰值对应的是不同的比率，所以，为了尽量少缴纳个人所得税，人力资源管理人员必须对这些峰值非常敏感，并计算好不同级别之间的临界值。例如，在计算某位员工的工资时，如果全月应纳税额所对应的税率刚好达到 20%，那么人力资源管理人员就可以通过一些技巧，将全月应纳税额调至 10% 的税率。

1.4 薪酬管理的流程

在薪酬管理当中，流程控制是非常重要的一个环节，该环节的主要作用是提高工作效率，增强工作的受控性，促进隐性技巧的显性化，保证薪酬管理的具体落实等。那么，薪酬管理的流程究竟有哪些呢？

一般来讲，薪酬管理是按照一定的流程进行的：制定企业薪酬战略，员工工作分析与岗位评价，市场薪酬调查，构建薪酬结构，薪酬评估与控制。当然，针对以上几个步骤，薪酬管理的操作要点还可以进一步细化，更重要的是，还可以匹配相应的工作。

1.4.1 制定企业薪酬战略

一个企业要获得良好的发展，就需要制定相应的战略。同样，要做好薪酬管理，也需要制定相应的薪酬战略。这里所说的薪酬战略并不是像有些企业理解的那样，只是大而无当，而是可以为企业的薪酬设计和管理提供科学合理的指导。要知道，一个优秀的薪酬战略可以帮助薪酬体系朝着正确的方向发展，从而更加适应企业的发展需要。

那么薪酬战略一般都包括哪些要素呢？

首先，既然是战略，就应该具有一定的方向性，所以必须要确立薪酬战略的目标。这个目标主要包括薪酬战略究竟要实现什么，未来能够在哪些地方帮助到企业的整体发展，这种帮助最终可以达到什么样的效果。

其次，如何兼顾公平性和竞争性。因为薪酬的设计不仅要对内部的员工进行激励，而且还要保证这种激励的公平性，否则激励的初衷只能与最终的结果相悖。

再者，薪酬支付所带来的财政负担与其在外界竞争中所获得效益之间的对比。简单来说，薪酬落实在员工身上所表现出的竞争性结果是怎样的。

最后，实际的操作，具体包括应该制定怎样的薪酬模式，怎样安排薪酬模式才能最有效地激励员工，薪酬模式如何才能与企业的战略目标相辅相成。

1.4.2　员工工作分析与岗位评价

工作分析又叫职位分析或岗位分析，是对企业中某个岗位设置的目的、权利、责任、环境、资格、所需技能等相关信息进行收集并作出分析。工作分析是人力资源管理的基础，为人力资源管理的各个模块提供重要的判断依据。

工作分析的常用方式有很多，例如，访谈法、问卷调查法、观察法、工作日志法、关键事件法等。其主要目的就是要弄清楚某项工作在什么时间、什么地点，由谁来做，做什么，为谁做，为什么做，怎样做。由此看来，工作分析的结果其实就是一张岗位说明书。

在做工作分析的时候，首先要坚持系统性原则，不能过于片面；其次要坚持动态性原则，不能只看一时；再次要坚持岗位性原则，不能走偏；最后要坚持经济性原则，不能铺张。通过严谨的工作分析，可以得出某一岗位工作内容的繁重程度，所承担责任的大小，任职资格要求的高低等。

在工作分析的基础上，人力资源管理人员可以对岗位作出科学合理的评价，了解不同岗位之间的价值差异，并为岗位级别的划分设定相应的标准，进而为制定公平公正的薪酬体系和奖励制度提供有效且可靠的依据。由此看来，对于薪酬管理来说，无论是工作分析，还是岗位评价，都是非常重要的，哪一个都不能忽视。

🎓 1.4.3　市场薪酬调查

市场薪酬调查指的是用科学、规范的方法，对市场上的各种薪酬信息进行收集、分类与分析，总结出某一类岗位的市场平均薪酬水平，并将其作为企业自身薪酬设计的依据。那么薪酬调查需要做哪些事情呢？

首先，了解竞争对手的平均薪酬水平。因为自身的薪酬水平过高，财务负担就会比较重；而薪酬水平过低，则会缺乏对员工的吸引力。另外还要了解企业所在地区的薪酬水平，也就是较低的薪酬水平、一般的薪酬水平及较高的薪酬水平。这不仅可以帮助企业对薪酬水平有一个战略层面上的把握，还可以为员工薪酬的确定提供依据。

其次，调查薪酬结构。企业之所以需要做这件事情的主要目的是了解同行业、同地区的常用薪酬结构，掌握员工的薪酬偏好，从而使设计出来的薪酬能更加满足员工的需求，达到更好的激励效果。

最后，依靠薪酬调查，通过对比分析找出企业内部有哪些岗位的薪酬是不合理的，薪酬的层级划分及差额确定是否存在失误。了解这些问题以后，企业就可以在第一时间对薪酬设计进行优化，从而更好地激励员工。

在市场薪酬调查的方法上，通常有以下三种：一是与其他企业共享薪酬信息；二是主动分析国家相关管理部门发布的薪酬信息；三是委托专业的第三方进行调查。至于应该选择哪一种，则要根据企业实际情况决定。例如，如果企业经济实力比较强的话，就适合选择第三种方法；如果企业经济实力比较弱的话，那么就可以选择第一种或者第二种，以便最大限度地降低成本。

🎓 1.4.4　构建薪酬结构

薪酬结构就是指薪酬应由哪些部分组成，各个部分所占的比例分别是多少，薪酬可以分为多少个等级，不同等级之间的差额是多少。一般来说，企业构建薪酬结构的目的主要有两个：一是帮助企业把成本控制在一个合理的范围内，二是对员工实现有效的激励。

构建薪酬结构时，岗位的任职资格、岗位产生的经济效益、薪酬层级的划分、企业的实际情况等都是必须要考虑的因素。在这些因素中，薪酬层级的划分是非常重要的。举一个比较易懂的例子，企业 A 的岗位流动成本不是很高，不同岗位产生的经济效益也没有很大差距，那么在划分薪酬层级的时候就可以拉低不同层级间的差额，而如果 B 企业的情况正好与 A 企业相反的话，那么就可以适当地把差额拉大。

最后就是薪酬各个部分的比例，同样需要与企业的战略目的相配合。具体来说，如果企业目前的战略目的是提升产品销量，那么就可以把绩效奖励的比例加大；如果企业想要的是创新，那么就把创新奖励的比例适当加大。

1.4.5　薪酬评估与控制

在薪酬战略制定、工作分析与岗位评价、市场薪酬调查、薪酬结构构建这些准备工作完成之后，就可以着手进行薪酬水平的确定。但是，确定薪酬水平以后并不意味着薪酬管理就已经万事大吉，因为最重要的一个环节——薪酬评估与控制还没有进行。

要对薪酬进行评估与控制，最重要的就是找到依据。那么薪酬评估与控制的依据有哪些呢？

首先就是战略目标的匹配。通过一段时间的观察，企业是否与战略目标更加接近。例如，从不同的战略目标来看，产品销量是否得到了有效提高，创新能力是否实现了进一步增强，产品质量是否有了显著改变等。

其次就是竞争效果的衡量。因为薪酬管理的一个重要参考依据就是在市场上相对于对手的竞争力如何，这一点可以从企业自身的市场份额、消费者的认可度上来进行分析。

最后就是薪酬管理的激励，至于激励结果如何，则要看员工的满意度，以及员工的绩效表现。如果员工的满意度过低，薪酬管理的激励就不能发挥真正作用；而如果员工满意度比较高，但是绩效表现没有改变的话，那么激励结果依然是失败的。

总而言之，在薪酬评估与控制的助力下，企业可以发现薪酬管理中存在的问题，并在第一时间对这些问题进行合理有效的调整，进而更好地发挥薪酬管理在某些重要方面的作用，例如，提升企业竞争力、激发员工积极性和主动性、实现薪酬的公平公正等。

1.5 薪酬管理的误区

任何种类的管理都会有误区，薪酬管理当然也不例外。综观薪酬管理的误区，其实不外乎有这样几个主题：同岗同酬、公平公正、高薪低薪、薪酬体系等。作为一名人力资源管理人员，如果在进行薪酬管理的过程中不慎走进了误区，那么就会对企业、员工、自身产生很大影响。所以，对于人力资源管理人员来说，了解薪酬管理的误区，避免自己走进去是非常必要的一件事情。

1.5.1 同岗同酬就是字面意思吗？

同岗同酬指的是在同一个企业同一个部门中，相同工作岗位的员工所获得的薪酬是相同的。而在薪酬管理中，要实现效用的最大化，同岗同酬绝不像字面意思那样简单。

首先，对于已经在同一岗位上工作了一段时间的老员工（这里所说的一段时间暂且定为五个月），其工作熟练程度肯定要超过一个刚刚入职的新员工。如果此时实行的是同岗同酬，那么这位老员工肯定会觉得不公平，从而失去原来那种工作热情和工作积极性。

另外，在同一个岗位上，入职五个月的员工的工作熟练程度与入职多年的员工也许并无太大差别。如果此时同岗同酬，那么试想一下，这对于那些工作年限不够而工作熟练程度已经达到要求的员工而言，肯定也缺少激励，最终导致其对工作不认真和懈怠。

由此看来，在使用同岗同酬这一薪酬管理方式的时候，最重要的是做到因时因人制宜，即与实际情况相结合。只有这样，同岗同酬才可以真正地发挥作用，否则的话，不仅会影响员工的工作效率和工作心情，而且还会影响企业的长远发展。

🔲 1.5.2　公平真的无法实现吗？

自始至终，公平都是相对来说的，而并非是一个绝对的词汇。之所以如此，主要就是因为当一个人觉得自己遭遇不公平的时候，往往有另一些人正在遭遇着更大的不公平，相比之下那个人的遭遇可能已经算不了什么。

既然公平是相对来说的，那么绝对的公平自然是不存在的，即使存在，也根本不利于效率的提高。基于此，在企业的薪酬管理中，最终实现的肯定也是相对的公平，这也是促使不公平发挥激励作用的必要手段。

实际上，公平的相对性也为薪酬管理带去了不少难题。具体来说，大多数企业都面临着人多事杂的情况，所以，这很容易出现"挂一漏万"的现象。久而久之，公平难以或者无法实现的现象就变得越来越合理，也越来越容易被接受。

但事实果真如此吗？其实不然。首先在观念上，想要实现 A，往往只得到 B；想要实现 B，结果便只能得到 C。其次在实际操作上，企业仍然可以通过各种规则和制度来促进公平的实现。例如，根据不同岗位的不同价值来合理地划分薪酬等级，按照员工的绩效表现进行有差异的薪酬分配，对规则和制度进行严格监督等。

🔲 1.5.3　高薪就是高激励吗？

人的行为往往源自动机，而动机则源于需求。马斯洛需求层次理论把人的需求分为五个层级，即生理需求、安全需求、归属需求、尊重需求、实现自我价值需求。企业对员工进行激励的目的主要是改变其行为，但是这种激励往往忽略了更加本源的东西，那就是需求。

高薪对于大多数员工而言，确实能起到激励作用，毕竟物质基础是实现员工需求的客观条件（当然并不完全如此）。例如，物质基础能为员工的衣食住行提供有力保障，能让员工体会到世俗标准下的巨大成功，能让员工享受到来自其他员工的艳羡眼光，能为员工不断提升自己的知识和能力增添动力。

但我们不能忘了这样一句话：金钱不是万能的。于是，总有一些员工在有了一定物质基础以后，就会把薪酬高低的重要程度大幅度降低，甚至有一些员工在物质报酬并不丰厚的情况下也作此考虑。

所以说，单纯地认为高薪就是高激励似乎太过简单了一些。实际上，员工看重的并不单单只有高薪，而是还有很多其他的因素。例如，福利保障、企业文化、团队建设、工作环境、价值实现、发展前景、员工关系等。

1.5.4　薪酬体系是一劳永逸的吗？

因为组织是一个活的有机体，所以，企业、事业单位、国家机关等都处在不断的发展变化之中，其规模、发展情况、战略目标等都不是一成不变的，当然，相对应的薪酬体系也不能始终如一。

前面已经提到，薪酬体系都是与企业实际情况相适应的，如果企业的实际情况，例如，岗位调整、部门整合、职责梳理等发生了变化，那么薪酬体系也必须要随之发生变化。再者就是薪酬体系的设计初衷是实现对员工的激励，但是，如果最终发现并没有取得预期的激励效果，甚至导致员工产生了不满情绪，那么企业就应该对现有薪酬体系进行调整。

另外，薪酬的高低往往是由企业盈利状况决定的。如果企业规模扩大，盈利增加，那么就可以适当地提升各个岗位的薪酬，以便让员工有归属感和价值感。如果企业的盈利状况欠佳，难以按照现有薪酬体系的标准为员工支付薪酬，那么也需要对薪酬体系作出适当调整，以便维持企业的正常运营。

综上所述，企业要想充分发挥出薪酬体系的真正作用并提高员工的工作积极性，从而促进自身的长远发展，那么就必须根据当前的实际情况和薪酬体系在具体应用中的效果，及时调整薪酬体系。

1.5.5　案例：沃尔玛薪酬管理制度

沃尔玛是一家以零售为主营业务的跨国连锁企业，于 1962 年由山姆·沃尔顿创立，总部位于美国阿肯色州的本顿维尔。目前，沃尔玛在全球 15 个国家开设了 8 500 家门店，而且据 2018 年《财富》发布的美国 500 强排行榜显示，沃尔玛已经第六次蝉联榜首。

那么，一个规模如此巨大，发展如此良好，员工如此众多的企业，是如何进行薪酬管理的呢？其薪酬管理制度又是怎样的呢？沃尔玛的薪酬管理制度由五个部分组成，分别为固定工资、员工购股、利润共享、损耗奖励和福利。实际上，沃尔玛的固定工资与美国的一些普通企业相比是比较低的，而真正使其薪酬管理制度发挥着强大作用的是另外几个部分，下面就具体地看一下，如图1-4所示。

图1-4　沃尔玛的薪酬管理制度

1. 员工购股

首先是员工购股。在沃尔玛工作的员工，基本上都享有自愿购买股票的权利，而且购买价格要比市场价格低15%。另外，在支付方式上，员工既可以使用现金，又可以用固定工资进行抵扣。据相关数据显示，在沃尔玛，80%的员工都拥有股票，其中甚至有一部分已经成为百万富翁。

2. 利润共享

其次是利润共享。这一部分是为那些入职已经满一年，而且每年工作时数不低于1 000小时的员工准备的，属于福利计划。每年，沃尔玛的薪酬管理者都会根据收益情况，按照员工工资总额的百分比进行该部分的提留，一般是6%。有数据表明，一位员工在沃尔玛工作20年以后，凭借这一薪酬管理制度拿到了10多万美元，可见收益还是非常可观的。

3. 损耗奖励

再次是损耗奖励。损耗奖励指的是每年因减少门店而获得的收益，所有员工可以共享。基于这个原因，很多员工都会踏踏实实地在沃尔玛工作。

4. 福利

最后是福利。沃尔玛为员工提供的福利主要包括疾病信托基金、子女奖学金、各种保险等。据相关资料显示，在很早之前，沃尔玛就开始为贫困员工的子女提供资助，期限为 4 年，金额为每年 6 000 美元。

从上面提到的员工购股、利润共享、损耗奖励和福利就可以看出，沃尔玛非常重视与员工之间的联系。这样的薪酬管理制度不仅可以让员工充满归属感，从而最大限度地减少员工流动，还可以将企业的整体经营状况与员工的最终薪酬所得联系在一起，促使员工更加关心企业的利益，并在此基础上更加努力地为企业工作。

当然，这种薪酬管理制度也有弊端。具体来说，沃尔玛的固定工资是偏低的，然而，在激励时效和刺激力度上，无论是利润共享、员工购股还是福利，都比不上固定工资。因此，对于那些更愿意追求立竿见影效果的员工来说，沃尔玛的薪酬管理制度很难或者根本无法起到很好的激励作用。

通过沃尔玛的案例其实不难知道，在薪酬管理上，企业不但要关注当下，而且更要放眼未来。在实际操作中，也要尽量实现薪酬的多元化和个性化。只有这样，薪酬管理才可以发挥出更加良好的效果，实现更加远大的目标。

第 2 章

薪酬结构：设计
要点 + 调整 +
策略

人力资源管理人员经常会面临这样的问题：如何用较低的薪酬水平吸引和留住更多的员工？其实，要想解决这一问题也不是非常困难，主要有两条途径：第一条是明确企业的付薪理念，并在此基础上设计合理的薪酬结构；第二条是为薪酬结构设计适当的比例。

如果说薪酬水平会在很大程度上影响员工的留存率，那么薪酬结构往往就会在很大程度上影响员工的工作效率和工作热情。由此可见，对于人力资源管理人员来说，掌握薪酬结构的相关知识和必备技能是非常重要的。

·········· 2.1　薪酬结构的设计要点 ··········

薪酬结构设计是薪酬管理中的一个重要环节，无论是人力资源管理人员，还是企业管理者都要给予足够的重视。通常情况下，在进行薪酬结构设计时，这几个要点是必须要把握的，分别为固定工资、绩效工资、延迟工资、企业业绩、工龄工资、补贴补助、销售奖金等。

当然，在把握上述几个要点的过程中还有相应的注意事项，例如，目的、下限、上限、比重等。可以说，要把薪酬结构设计好是一件并不容易的事情，这对于每一位人力资源管理人员来说都是一个非常大的挑战。

🅔 2.1.1　固定工资：目的＋下限＋比重

前面的章节已经讨论过固定工资的相关要点，在这里，将就固定工资的额度做进一步的介绍。

对于一个企业而言，其规模可能会不断扩大，岗位也可能会持续增加，当然，也可能规模没有扩大，但是岗位有所增加。那么在这种情况下，要想保证企业的正常运营，就需要招聘新员工。

然而，新员工有一个非常显著的特点，就是缺少工作经验，其往往需要经过一段时间才能适应所在岗位的工作，并最终达到岗位所要求的条件。这也就意味着，在较长一段时间内，新员工并不能为企业做太大的贡献。于是，企业在为岗位设计薪酬结构的时候，就需要用固定工资来为后期的持续运营做准备。

还有一种情况就是，无论什么样的岗位，要想保证有员工在职，就必须有固定工资，这既是留住员工的需要，也是岗位任职资格价值的体现。对于那些基层岗位或者试用岗位来说，固定工资几乎占据了薪酬结构的全部，所以，其下限要根据当地的平均消费水平和最低工资标准来确定，通常要能保证员工每月的基本生活。

而那些非基层岗位，其固定工资的下限可以与同类行业持平或者稍高。此外，也可以根据岗位的任职资格、权责比重、价值创造，以及企业的整体战略目标、经济实力、发展阶段等确定固定工资的下限。

至于固定工资的比重，基层岗位一般会设计得比较大，有的甚至能达到 80% 以上；而中高层等非基层岗位则会设计得比较小，一般维持在 60% 左右。当然，这也不是绝对的，可以根据实际情况进行适当调整。

ⓘ 2.1.2　绩效工资：目的＋上限＋比重

通常情况下，企业的每个岗位都会有基本的工作量，只要员工顺利完成就可以拿到固定工资。但必须承认的是，不同员工之间是存在能力差异的，勤奋程度也因人而异。那么，为了让那些超额完成工作的员工能够继续保持热情，用绩效工资对其进行奖励就是一个非常不错而且十分有效的办法。

绩效工资的种类是多样的，有一部分企业是通过工作数量来确定绩效工资，例如写作的字数。以浪潮工作室为例，每月完成两篇 8 000 字左右的文章即可获得 6 000 元的绩效工资，如果完成更多文章的话，还会给予额外的奖励。

还有一部分的企业是通过工作质量来确定绩效工资。例如，海尔建立初期的战略就是主打质量，所以，海尔员工的绩效工资和冰箱的生产质量挂钩；浪潮工作室则为那些文章阅读量超过 10 万的员工提供更加丰厚的绩效工资。还有一部分科技企业、软件开发企业、游戏开发企业会将绩效工资与创新挂钩，例如，员工开发出一个全新的产品，并且受到广大用户的喜爱，他就可以获得非常丰厚的奖励。

与固定工资要考虑下限不同，绩效工资是要考虑上限的。因为固定工资的下限是为了保证员工的基本生活，而绩效工资的上限则需要考虑兼顾激励效果与企业的实际财务能力。对于绩效工资来说，如果上限过低，那么激励效果就会受到严重影响；如果上限过高，那么企业财务负担就会非常重，进而阻碍自身发展。

至于绩效工资的比重，仍然是以企业的战略目标和实际经营状况为依据。如果企业处在平稳发展期，那么绩效工资的比重不宜过高，因为短期内很难让盈利飙升；如果企业处在高速发展期，而企业战略又正好是极力扩大市场份额，那么就可以适当增加绩效工资的比重，一般控制在 40% 以内为宜。

🖋 2.1.3　延迟工资：目的＋比重

大多数员工都有这样的经验：与其他员工在一起时偶尔聊起各自的工资，有些员工的情绪就会受到影响。因为有的员工在每月 10 号之前就可以拿到工资，而有的员工则要在 10 号当天才能拿到，有的甚至还要在每月 20 号左右才可以拿到工资。

上面提到的后两种情况都属于月度延迟工资，另外还有一种是年度延迟工资，即企业将员工年度总工资的一部分延迟到年尾发放。对此，相信很多员工都会耿耿于怀，毕竟大家都希望可以尽快拿到所有的工资，可企业却有自己的考虑。

企业采用延迟工资主要是为了减少员工的流动和减轻现金流的压力。试想一下，某月上旬你想辞职，在没有拿到工资之前可能会这样想："再多待几天就发工资了，等发完工资再辞职。"可是等真的拿到之后，又会觉得企业对自己有恩，于是继续待下去。如此反反复复，企业就可以在一定程度上减少员工的流失。

另外，企业每月、每年推迟部分工资的发放，如果员工数量庞大的话，那么就形成一笔非常大的资金，可以用于扩大规模、招收新员工、投资项目、开发新产品等，从而促进企业的长远发展。

在整个薪酬结构中，延迟工资的比重不可以太高，因为实际到手的工资数额对员工有非常大的激励作用，如果企业扣留太多，则会打击员工的热情和积极性，具体的比重应该控制在 10% 左右比较合适。

2.1.4　企业业绩：目的＋权重

企业业绩通常指的是到了年末的时候，企业将盈利的一部分拿出来与员工共享，以此来将员工和企业联系成一个整体，同时也让员工的努力程度和所做贡献与自己的收益紧密相关。这不仅有利于调动员工的积极性，还有利于促使员工更加努力地工作。

将企业业绩与员工薪酬挂钩，在做法上，首先是确定年盈利总额的共享比例。例如，沃尔玛每年都会拿出 6% 的年盈利与所有员工共享，也就是说，如果年盈利是 10 亿美元，那么其中的 6 000 万美元都会与员工共享的。还有一种是动态的盈利分享比例，例如，年盈利 2 000 万元是 2%；年盈利 3 000 万元就是 3%，以此类推，该种做法可以充分调动员工的积极性，达到非常良好的激励效果。

然后是确定不同部门的贡献指数。在这一过程中，企业必须要考虑到各部门之间的协作与团结，尽量把贡献指数控制在一个较小的范围内，并根据实际的贡献，区分出各部门之间的差别。例如，企业可以将贡献指数确定在 0.7 ～ 1.1，再根据不同的衡量指标计算出各部门的贡献指数，并在此基础上进行利润的分配。

最后是各部门对年盈利进行更加细化的分配。这一步和上一步非常类似，先由各部门的薪酬管理者确定不同岗位员工的贡献指数，然后根据贡献指数的不同为员工发放不同金额的盈利共享奖金。

在整个过程中，对于不同部门和不同岗位员工的贡献指数的确定一定要做到严谨、标准及统一，而且程序也要公开。只有这样，才可以保证部门之间的团结和谐及员工之间的公平公正，从而促使企业业绩在薪酬管理中发挥最大的作用。

⚑ 2.1.5　工龄工资：目的＋上限＋比重

工龄工资是企业根据员工的工作年限为其提供的经济补偿，设计的主要目的是提高员工的积极性，减少员工的流动。

从提高员工的积极性这一方面来看，企业对那些工作年限越长的员工，往往会提供越丰厚的经济补偿，这种补偿方式，无疑会增加员工的积极性。目前，企业对于工龄工资的设计往往是依据青年员工逐渐增长、中年员工迅速增长、老年员工缓慢增长的原则。这样的话，虽然工龄工资的变动并不是很大，但对于提高员工的积极性却有着非常良好的效果。

从减少员工的流动性这一方面来看，现在的工龄已经被分为两种：一种是企业工龄，另一种是社会工龄。其中，企业工龄指的是员工在一家企业的工作年限；社会工龄指的是员工参加工作的总年限。

一般来说，绝大多数企业对于社会工龄的经济补偿标准是比较低的，而对于企业工龄的补偿标准则相对较高。这样可以有效减少员工的离职，也会有更多的员工自愿成为企业的老员工。

实际上，工龄的优势不只是表现在经济补偿这一个方面，像带薪休假日数、医疗日数、病假工资、津贴、养老金等方面，同样也是工龄越长，所获得的益处就越多。除此之外，还有实物补偿。例如，格力电器董事长董明珠在 2018 年就作出允诺，要给每一位退休员工发放一套房产，这也可以看作是对较长工龄员工的一种鼓励。

至于工龄工资的比重和额度分别应该是多少，则完全取决于企业的实际情况，毕竟并不是每个企业都有能力允诺为工作到退休的员工提供房产。当然，企业也可以在标准化的工龄制度下给予较长工龄员工更多的激励，以此来提升员工的积极性、减少员工的流动性。

📧 2.1.6　补贴补助：目的＋上限＋科目

在设计薪酬结构的时候，有些企业还会把补贴补助加入进去，而补贴补助的形式更是非常多样，最常用的主要包括以下几种，如图 2-1 所示。

图 2-1　企业常用的补贴形式

例如，今日头条在 2018 年招聘审核编辑的时候，就会在基本工资和六险一金之外为员工提供每个月 500 元的用餐补贴和 600 元的住房补贴；唯品会在招聘管理培训生的时候，承诺为其提供 200 元的住房补贴、200 元的交通补贴、200 元的通信补贴，而且还设有专门的食堂为员工提供免费的午餐。

为什么上述两家企业要为员工提供额外的补贴呢？先来看今日头条，因为审核编辑是一个比较新的岗位，职责是对内容是否违规进行审核，该岗位本身不具备太大的挑战性，且对员工的学历有较高的要求，再加之实行的还是三班倒制度，所以很难吸引和留住员工。但是，通过某些补贴就可以有效缓解这种现状。

唯品会发放补贴的原因与今日头条非常相似，该企业实行的也是三班倒制度，导致员工很难在节假日正常休息，而且从管理培训岗位向管理岗位变动的机会比较少，难度也比较大，如果没有补贴的话，也很难吸引和留住员工。

通过上述案例其实不难看出，补贴的设计往往是为了吸引和留住员工，进而保证企业的岗位能够正常运转。而补贴的项目主要集中在与员工生活密切相关的方面，如住宿、交通、饮食、通信等。对于那些刚刚入职的员工来说，真正拿到手的钱才最具吸引力，保险、福利在他们看来则过于遥远。至于在具体数额的设计上，可以结合岗位的价值、企业的现状、当地的消费水平来进行综合考量，争取做到既能为员工的生活提供实际的补贴，又不至于使企业承担过重的财务负担。

2.1.7　销售奖金：确定方式

张鹏曾经在中国人寿做过一段时间的保险销售，平时主要负责新员工的招聘和客户的谈判。他的基本工资是 4 000 元，每次为企业招进一个新员工，还可以拿到相应的奖金；如果拉来客户的话，则还可以从客户购买保险的总金额中提取 20% 的奖金。在入职三个月的时间内，张鹏只谈成了一个 1 万元的客户，而有一个女员工刚入职一个月就谈成了一个 5 万元的客户，这位女员工拿到奖金之后便决定辞职出去旅游。

通过上述例子，其实就可以了解员工之间的分化及分化产生的原因。在销售领域，一直都存在一句话：一年不开张，开张吃半年，这句话也从侧面反映出，目前常见的保险销售、楼房销售、汽车销售等销售型员工的薪酬结构都有一个共同点，就是固定工资比较低，而奖金比较高。之所以会如此，主要是因为薪酬结构要与企业的战略目标相一致，毕竟销售企业的战略出发点就是提高销售数量和销售金额。

另外，由于在销售员工的薪酬结构中，浮动工资的比例是比较大的，因此，在确定销售奖金的时候必须综合考虑各种因素，例如，绩效工资、年底分红、加班费用等。而且销售奖金的支付依据主要是销售金额的具体情况，一般产品金额比较大的销售，例如上面提到的保险销售和楼房销售，都适合采取提成的方式，而那些培训机构的课程销售则会设定必须要达成的目标，可以在超过这一目标后，再根据实际情况给予销售员工适当的奖励。

最后，在销售奖金的确定上，也不能仅仅依靠销售数量和销售金额来作决断，客户满意度、潜在客户发掘、客户回购率、老客户维护等隐性的销售业绩也同样应该作为考量的指标。

2.2　薪酬结构调整的方法

薪酬结构设计出来之后，并不代表就是一劳永逸的，在实施的过程中，还需要根据实际情况不断做调整。因此，掌握薪酬结构调整的方法也是一个人力资源管理人员的必备技能。薪酬结构调整的方法究竟有哪些呢？本节对此进行详细说明。

2.2.1　增加薪酬等级

在薪酬结构调整的方法中，增加薪酬等级是比较常用的一个。表 2-1 为国内某企业的薪酬等级表，通过这个表可以更加直观地感受到薪酬等级在薪酬结构管理中的作用。

表 2-1　国内某企业的薪酬等级表

职级	岗位名称	薪级	薪 资 等 级						
			基本工资（单位：元）	岗位工资（单位：元）	绩效工资（单位：元）	技能补贴（单位：元）	周末加班费用（单位：元）	保密费用（单位：元）	合计（单位：元）
1 高级管理	副总经理 部门经理	1	2 000	6 000	1 000			500	9 500
		2	2 000	7 000	1 500			500	11 000
		3	2 000	8 000	2 000			500	12 500
		4	2 000	9 000	2 500			500	14 000
		5	2 000	10 000	3 000			500	15 500
2 中级管理	技术主管 团队主管	1	2 000	500	500			500	3 500
		2	2 000	700	700			500	3 900
		3	2 000	800	850			500	4 150
		4	2 000	900	1 000			500	4 400
		5	2 000	1 000	1 300			500	4 800
		6	2 000	1 100	1 600			500	5 200
		7	2 000	1 200	1 700			500	5 400
		8	2 000	1 300	1 800			500	5 600
		9	2 000	1 400	1 900			500	5 800
		10	2 000	1 500	2 000			500	6 000

续表

| 职级 | 岗位名称 | 薪资等级 | | | | | | |
		薪级	基本工资（单位:元）	岗位工资（单位:元）	绩效工资（单位:元）	技能补贴（单位:元）	周末加班费用（单位:元）	保密费用（单位:元）	合计（单位:元）
3	普通员工	1	2 000	50	300			500	2 850
	程序员	2	2 000	250	400			500	3 150
	技术员	3	2 000	550	500			500	3 550
	业务员	4	2 000	700	600			500	3 800
	会计	5	2 000	900	700			500	4 100
	出纳	6	2 000	1 000	800			500	4 300
	人力资源管理人员	7	2 000	1 300	900			500	4 700

从表 2-1 可以看出，该企业不仅进行了普通员工、中级管理及高级管理的职位等级划分，还在岗位内部进行了严格的薪级划分。这时不妨试想一下，企业的薪酬为什么要划分这么多的等级呢？

下面我们可以用知名企业海尔为例进行说明。在刚刚创立的时候，海尔的规模并不是特别大，员工只有几十位，岗位配置上更是只有较少的管理岗位和一部分技术岗位，而且还没有科学合理的部门划分。因此，为了适应这种情况，海尔设计了非常简单，基本上可以看作扁平化的薪酬层级。

随着各方面实力不断加强，海尔的规模进一步扩大，员工也持续增加。于是，为了使自身的管理能够更加规范和有效，海尔划分出许多部门，例如，技术研发部、人力资源部、财政部、销售部、市场调研部等。除此以外，海尔的管理人员大幅度增加，从普通的管理岗位，一直到总经理等。

在这种情况下，海尔原来那种扁平化的薪酬结构已经不能满足激励员工、提升竞争力的需要。因此，在薪酬结构的设计上，就需要考虑到不同岗位之间任职资格和创造价值的差异，并在此基础上匹配相应的薪酬，进一步扩大薪酬的层级。

还有一种情况就是同一岗位之内也有薪酬等级的划分，这是什么缘故呢？其实，这非常容易说明，例如，同样是一般的技术岗位，两位员工的职级是相同的，但是他们的工作年限和工作经验肯定有差异，为企业做出的贡献也不相同。从这一方面来看，适当地对薪酬进行等级划分也是有必要的。

至于管理岗位，因为不同管理岗位所负责的工作不同，所发挥的作用和创造的价值也不同，那么进行薪酬的等级划分就变得更加关键。实际上，对一个岗位进行薪酬等级的划分，主要目的是促使薪酬管理更加精细和公平，从而更好地激励员工。

由上述内容可知，一个企业增加薪酬等级往往是出于扩大规模、优化管理的需要。有的企业还希望可以通过薪酬等级的划分形成薪酬金字塔，从而更加有效地发挥薪酬对金字塔底端员工的激励作用。另外，对同一职级进行更细致的薪酬等级划分，能够充分体现多劳多得的分配原则，让员工感受到公平，同时也能增加员工的工作积极性。

🔒 2.2.2　减少薪酬等级

上一小节已经谈到增加薪酬等级和由此形成的薪资金字塔，也通过海尔的案例论述了为什么要增加薪酬等级。既然可以增加薪酬等级，那么相对地，就应该可以减少薪酬等级。但必须注意的是，减少薪酬等级显然并不是指企业发展初期由客观原因造成的薪酬等级减少，而是企业出于经营上的考虑，才对现有薪酬等级进行削减。通过上一小节的内容，我们了解并掌握了增加薪酬等级的好处，那么为什么还要减少薪酬等级呢？

这里可以利用两个管理学上的概念进行详细说明。管理学中有两种比较经典的管理模式：一种是已经提到的金字塔式，另一种就是扁平化，前者对应的是较多薪酬等级，后者对应的是较少薪酬等级。

从目前的情况来看，大多数企业都会采用扁平化的管理结构，这是什么原因呢？例如，在金字塔式的管理结构中，信息传达所要经过的环节比较多，不仅时效性差，而且非常容易失真。更重要的是，由于等级过多，企业政策在执行过程中往往还会偏离初衷，并花费较高的成本和较多的精力。当然，任何事物都有两面性，金字塔式的管理结构也并非全是弊端，例如，在上一节中，表 2-1 反映的国内某企业的薪酬等级，如果用金字塔来表示，效果就会更加直观。

另外，薪酬等级的减少，在企业管理上也发挥着重要作用。之前已经提到过，企业随着自身规模的扩大，以及员工数量的增加，需要重新划分薪酬等级来适应自身的发展需要。但是，许多企业也会遇到经营不景气或者管理不善的情况，这个时候，可能有些员工会主动要求离职，企业也可能根据自身的经济情况让部分员工被动离职。于是，为了与员工规模相适应，企业不得不减少薪酬等级。

还有一种情况就是扁平化的薪酬结构能够适当地体现公平。前面已经提到，金字塔式的薪酬结构能够激发员工的斗志，从而帮助员工提高效率。但是，对于一个企业而言，公平和效率必须同时兼顾，如果过分地强调效率而忽略了公平，那么就会对员工的积极性造成严重影响。这个时候适当地减少薪酬等级，则有利于平稳员工情绪，维护企业稳定。

2.2.3 调整不同等级员工规模和薪酬构成

如果把人们的收入按照一定的标准进行分级，也会呈现出金字塔式的结构图，如图 2-2 所示。排在最底层的，收入最低，数量也最多；而越往上，收入会越来越高，数量也会越来越少。甚至可能会出现这样的情况：金字塔顶层群体一年的收入相当于（当然也可能超过）金字塔底层群体一辈子的收入。

图 2-2 金字塔式的收入结构

很多人的梦想就是要往金字塔顶层攀登，但是处在金字塔顶层的人毕竟数量有限，难免会爆发激烈的竞争。这样的竞争所能带来的效益增长将会变得非常可观吗？很显然并不是。因为很多人在付出自己最大的努力后很可能会发现，不仅到达金字塔顶层是一件非常困难的事情，甚至连从自己现在所处的层级上升到另一个层级都没有那么简单。

那么这个时候会出现哪些情况呢？有些人可能会得过且过，放弃奋斗，转而安于现状；有些人可能会将心中的不满转化为行动，继续努力前进。为了不让自己的员工成为前者，企业必须要找到有效的解决办法，即增加晋升的渠道，让员工看到希望，或者是加大福利投入，让员工感到公平。

要满足员工向上攀登的需求，就必须为员工提供向上的机会，这个时候可以调整薪酬的等级，例如，原来有 20 个等级，现在可以调整到 14 个，然后再将其以金字塔图的形式表现出来。这样的话，虽然企业员工的数量没有发生变化，但是薪酬等级少了，所以就会有更多的员工可以进入更高的等级。

还有一种做法是不调整薪酬等级，而是调整各薪酬等级的员工数量，例如，最顶层的员工数量保持不变，把最底层的员工数量适当减少，然后再增加中间层的员工数量。这种做法对于维护公平和激励员工是很有效的，因为员工可以从中获得更多的上升机会，并且对于大多数员工而言，一个中间层的薪酬等级是可以接受的，毕竟金字塔顶层是属于为数不多的高级管理人员。

还有一种做法与薪酬等级的调整没有关系，那就是调整员工的薪酬构成。实际上，薪酬会激励员工还是会让员工更加懈怠，从根本上取决于员工最终能够得到多少，因为对于大多数员工来说，最终所得才是最重要的。就像在社会中，很多人都是低收入群体，社会为了照顾这些群体，会不断完善保障体系，并为其提供必要的福利和应有的尊重。基于此，这些群体就可以在很大程度上安处于自己的位置，变得更加兢兢业业。而企业在这方面的做法就是调整薪酬的构成，例如，在固定工资之外，加上津贴、绩效工资、年底分红、工龄工资等。这样员工的薪酬构成就会实现多元化，员工也能充分感受到公平和努力的意义，从而使企业的薪酬管理发挥出真正的作用。

:::::::::: **2.3　薪酬结构的策略** ::::::::::

　　薪酬结构策略指的是薪酬应该由哪些组成部分，每个组成部分各占多少比例，薪酬等级如何分配，各等级之间有着怎样的关系。通常情况下，等级差距比较大的薪酬结构，适合激励管理人员，而等级差距较小的薪酬结构，则适合激励普通员工。

　　另外，薪酬结构的策略可以分为三种模式：一种是激励效果非常好的高弹性模式，一种是稳定效果非常好的稳定模式，还有一种是既有较好的激励效果又很稳定的调和模式。将这三种模式铭记于心的话，对设计薪酬结构是非常有利的。

🈯 2.3.1　高弹性模式

　　大学毕业以后，王亮去了一家规模不是很大的互联网程序开发企业，当时每个月的固定工资是 5 000 元。在刚刚入职的时候，他的干劲非常足，但是经过了一段时间的工作，他就变得越来越怠惰。因为每天的工作量是一定的，最初确实需要多花费一些精力，但是工作熟练之后效率就不断提高，每天不用花费很多精力就可以把工作做完。

　　于是，在一些老员工的提醒下，王亮每天把要求的工作做完就会找一些自己喜欢的事情打发时间，一直到下班。实际上，不只是王亮，企业中还有很多这样的员工。他们有的还在原来的岗位，因为觉得轻松而且没有压力，选择继续待下去；而有的则认为还是应该提前为自己打算，便辞职去寻找更能激发自己创造力的工作。

　　实际上，王亮之所以会变得很怠惰，工作性质只是一个表层原因，更加深层次的原因应该是薪酬结构。因为每一个员工在岗位上只要经过一段时间的训练，对于工作的熟悉程度都可以有大幅度提高，每天的工作效率也可以迅速提升。但是，当员工发现自己每天多做的工作对薪酬并没有太大的帮助时，就会因为缺乏动力而选择磨洋工的工作方式。从人之常情去考虑，绝大多数员工还是希望自己的付出能与自己的回报相对等。

企业要想有效解决员工怠惰的问题，就要对薪酬结构进行调整，毕竟这一问题产生的根源是薪酬结构过于稳定，所以，调整的方法就是增加薪酬结构的弹性。然而，要想增加薪酬结构的弹性，就需要在固定工资之外，提高绩效工资、奖金、补贴等的比重。这种高弹性的薪酬结构主要集中在销售领域，因为该领域工资的浮动比较大，并且直接与企业的盈利挂钩，所以，把员工的工资与销售额进行关联就非常容易管理。

当然，高弹性模式除了可以激发员工积极性，提高企业绩效水平之外，也有一些操作和结果上的弊端。例如，在固定工资之外，浮动工资的比例应该如何合理安排？后期员工的工作效率不断提升，但企业盈利并没有获得同等程度的增加，又应该采取什么措施呢？

上述问题对于很多企业来说都是十分棘手的。一方面，这些企业在薪酬管理上缺乏具有较强能力的专业团队；另一方面，成本和收益不对等，导致企业经济负担加重。由此看来，高弹性模式的薪酬结构并不是适用于所有的企业。

2.3.2　稳定模式

张爽曾经在上海的一家房地产企业做销售，当时企业为他提供的固定工资是 3 000 元，每销售出去一套房子还有千分之三的提成，也就是说，销售出去一套 500 万元的房子，提成就是 1.5 万元。因为在上海这样的一线城市，房子的价格普遍较高，所以，入职前，张爽还觉得非常高兴，自认为一个月销售出去一套房子应该非常简单。

无奈两个多月过后，他一套房子都没有销售出去，而有些同事却已经能拿到几万元甚至十几万元的提成，这让他感到非常慌张。于是，他便决定再工作一个月试试，如果依然没有什么起色，就要辞职去一家固定工资高一点的企业。

实际上，在保险、汽车甚至是课程等销售领域，张爽这样的员工比较常见，他们往往会因为与处在同一个岗位层级的员工拿着不同的薪酬而感到不满，从而选择辞职。但是，对于企业而言，员工流动性太大会严重影响到自身的正常运营。于是，为了缓解这种情况，留住更多的员工，有些企业就会提高固定工资的比重，降低浮动工资的比重。

当然，那些比较适用于高弹性模式的企业也会适当增加薪酬结构的稳定性，而有一些企业则本身就更加适用于稳定模式。因为高弹性模式的主要目的是激励员工，提升工作效率，相应地，企业也要增加财务负担。而有的企业则已经到了比较稳定的状态，或者企业的业务大多数都是事务性的，那么这样的企业就比较适用于稳定模式的薪酬结构。

这里可以用天津某图书出版企业来举例，该企业一共有 40 多位员工，每个月能完成大约 25 本图书的编辑和写作，而这些图书的市场销量刚好能满足企业的盈利预期。了解图书市场的人都知道，出版往往不依赖于图书的种类盈利，例如，该企业出版了一本图书，市场销量达到了上百万册，而另一家企业出版了几十本图书，却只卖出了几万册，前者效益可能更好。

那么对前者而言，根本不需要通过激励员工提高工作效率来增加盈利，否则还很有可能遭受支出多而盈利下降的风险。所以，由固定工作量、固定工资、低额绩效奖金组成的稳定薪酬结构比较适合天津的这家书籍出版企业。

2.3.3 调和模式

从目前的情况来看，大多数员工的薪酬结构都处在高弹性和稳定之间。例如，在郑州一家企业做人力资源管理的张明，其薪酬结构就是固定工资加上绩效工资（以招聘人员的数量和质量来决定具体的金额）。不仅如此，企业还会根据他的出差频率和出差距离提供一定的食宿和用餐补贴。还有一些做职能工作的员工，例如，行政总监、审核编辑、文案策划等，他们的薪酬模式也都是固定工资加上浮动工资的调和模式。

对于大部分企业而言，其情形也许既不像销售企业那样对销量有十分急切的追求和需要，也不像前面提到的文化出版企业那样过分看重业务的稳定性，而是希望实现盈利的逐渐增加和员工的有效留存。薪酬既需要稳定，又需要高弹性，这里仍可以将沃尔玛作为这种模式的典型。

沃尔玛经过半个世纪的发展，从一家小的零售商一跃成为排名全球第一的大型零售企业，这无疑得益于其科学合理的战略。当然，与这个战略相配套的薪酬结构也功不可没。沃尔玛的薪酬结构由固定工资、员工购股、利润共享、损耗奖励及福利组成。其中，固定工资的比重在 50%，其余部分分摊另外的 50%。

前面已经讲过，沃尔玛的浮动工资对员工有着非常强大的激励作用，但没有说明的一点是，经过长时间的努力，沃尔玛已经达到很大的规模，顺利进入了稳定发展阶段，盈利的增长速度也有所放缓，所以浮动工资虽然依旧能够发挥激励作用，但是已经不像之前那样明显。在这种情况下，沃尔玛更需要依靠固定工资来维持稳定，而实践也证明，调和模式的薪酬结构确实非常适合沃尔玛这样的企业。

实际上，从效果来看，上述三种薪酬结构策略在运用上仍要根据企业的情况和战略目的来决定。例如，有些企业处在高速发展阶段，并且主要岗位的性质也比较特殊（例如销售岗位），它需要依靠浮动工资来最大限度地激励员工，那么这个时候就比较适合选择高弹性模式的薪酬结构；如果企业的规模一般，业务范围还比较窄，或者主要岗位的性质非常普通（例如，一般行政岗或管理岗），那么这个时候稳定模式的薪酬结构就比较适用；如果企业处在平稳发展期，市场需求在稳步增长，就像前面提到的沃尔玛一样，那么出于稳定性方面的考虑，调和模式的薪酬结构就会非常适用。

第 3 章

基本薪酬：类型 +
变动因素 + 支付
形式 + 支付方法

基本薪酬是薪酬结构中比较基础的部分，往往用来保证岗位的正常运行和员工的基本生活。根据工作性质的不同，基本薪酬通常可以分为薪金和工资。这两种基本薪酬的水平都会受到很多因素的影响，例如，企业所在地区的经济发展水平、企业的实际发展状况、同类企业的薪酬水平等。除此以外，在支付依据和支付方式上，也因为工作性质的不同而存在某些差异。这些差异的具体表现、基本概念及变动因素，都将在接下来的几个小节中做具体细致的论述。

:::::::::: 3.1 基本薪酬的两种类型 ::::::::::

基本薪酬是企业根据岗位的性质、创造价值、作用等因素为员工支付的合理报酬，其目的是保证岗位的正常运行和员工的基本生活。一般来说，根据工作性质和支付形式的不同，基本薪酬可以分为薪金和工资。

ⓦ 3.1.1 薪金：白领的劳动报酬

在谈薪金之前，不妨先来聊一个群体，那就是白领。相信很多人对白领并不陌生，因为在很小的时候，我们在电视上就经常能看到一群人：穿着整齐笔挺，或者是对着电脑，或者是一手抱着文件，或者是在会议室讨论问题，脸上始终带着优雅从容的表情，置身于明净亮堂的工作环境，做着不忙但也绝对不轻松的工作。很显然，这群人就是我们要说的白领。

实际上，大多数人对于白领的那种认识和感觉虽然不是错误的，但也只看到了其中优雅从容的一面。从某种意义上讲，白领只是对上述一群人的称呼，他们之中的大多数也要挤地铁上下班，也必须在繁忙的时候加班，也会为了某些工作而精疲力竭，也希望可以通过努力获得肯定，而并非都是"谈笑间，樯橹灰飞烟灭"的状态。

下面我们就来看看这种用来支付给白领的劳动报酬——薪金。其实，无论怎样对其进行定义，都不如用一句最简单的话来概括：薪金是现金，是钱。但是，随着互联网的迅速发展，企业为员工支付薪酬的方式已经由线下转到了线上，而薪金之所以被称为薪金，则主要就是因为其支付对象和支付时间与工资有着比较大的区别。

在支付对象上，薪金主要针对那些从事脑力劳动的白领。在支付时间上，薪金并不是一天一支付，也不是一个工作周期（比如一周、半个月、两个月）一支付，而是在每月固定的日期进行支付。因此，出于体现差异和表达方便的需要，企业通常会用薪金来区别不是针对脑力劳动群体和在固定日期发放的其他薪酬。

🈶 3.1.2　工资：蓝领的劳动报酬

基本薪酬的另一种类型就是工资。不过在当下的语境中，它和薪金有些混淆，或者说在口语语境里已经取代了薪金。我们经常在和朋友或者同事聊天的时候，使用工资而非薪金一词。例如，"你现在的工资怎么样啊""你们什么时候发工资啊"等。甚至我们经常谈论的工资已经不只是指基本薪酬，像补偿薪酬（加班费、津贴）和激励薪酬（绩效工资、奖金）也被包含在其中。不过，出于区分概念的需要，我们还是要对薪金和工资进行不同的定义。

一般来说，工资指的是蓝领的劳动报酬，因为从字面意义上来理解，它包含了一个"工"字，这让我们容易联想到工人。另外工资还包含了一个"资"字，也就是钱，会让我们想到"工钱"。对中国历史比较熟悉的人应该知道，以前有很多被称为"工"的人，例如，长工、短工、码头工、织布工等，从这些人的口中经常可以听到"工钱"两个字，这是他们的劳动报酬。

在今天，虽然长工、码头工这样的群体已经不存在，但是仍有很多依靠体力劳动来获取报酬的群体，例如，建筑工人、工矿工人等，还有一些制造企业的一线工人或者其他一些技术工人等。针对这类群体的基本薪酬，可以称为工资。

在支付形式上，有一些是按时间计算，例如建筑工人，该形式有利于其随时领取工资离岗；还有一些是按照数量来计算，例如，从业人群正不断增加的外卖配送员，都是根据自己配送订单的数量来进行最终的工资结算。

另外，因为工资与体力劳动挂钩，而体力劳动又不像脑力劳动那样，可能前 10 天还没有成果，但第 11 天成果就可以出来。所以，体力劳动要更加容易量化和计算，比较适合采取按时间或劳动量来计算的支付形式。而且这种支付形式比较灵活，不容易出现由于一位负责人离职，导致整个模块出现工作不衔接的情况。

·········· 3.2　基本薪酬的变动因素 ··········

薪酬与金钱紧密相关，那么很自然，一个地区的经济发展水平必然会影响当地企业的基本薪酬水平。当然，经济大环境本身是千变万化的，具有不稳定性，有时候甚至还会出现通货膨胀，这也会影响到基本薪酬的水平。

除了经济本身的影响因素外，企业也处在与其他企业竞争的市场环境中，所以，其他企业同类岗位的薪酬水平也会影响到基本薪酬。在接下来的几个小节中，就对这几个方面的问题进行具体细致的论述。

🈺 3.2.1　总体生活费用变化或通货膨胀程度

基本薪酬的主要目的是保证在职员工的基本生活水平，因此，其额度的变化就与企业所在地区的整体生活消费水平紧密相关。一般来说，在经济较发达的地区，房价、房租、交通、食物等生活必需品的价格要更高。另外，在我国，不同地区之间，因为经济发展程度不同，所以消费水平也有差异，所对应的最低工资标准也不同，如表 3-1 所示。

表 3-1　各地区对应的最低工资标准

地　区	实行日期	月最低工资标准			
		一　档	二　档	三　档	四　档
北京	2017.09.01	2 000			
上海	2018.04.01	2 420			
广东	2015.05.01	1 895	1 510	1350	1210
深圳	2017.06.01	2 130			
天津	2017.07.01	2 050			
河北	2016.07.01	1 650	1 590	1 480	1 380
山西	2017.10.01	1 700	1 600	1 500	1 400
内蒙古	2017.08.01	1 760	1 660	1 560	1 460
辽宁	2018.01.01	1 620	1 420	1 300	1 120
吉林	2017.10.01	1 780	1 680	1 580	1 480
黑龙江	2017.10.01	1 680	1 450	1 270	
江苏	2017.07.01	1 890	1 720	1 520	
浙江	2017.12.01	2 010	1 800	1 660	1 500
安徽	2015.11.01	1 520	1 350	1 250	1 150
福建	2017.07.01	1 700	1 650	1 500	1 380
					1 280
江西	2018.01.01	1 680	1 580	1 470	
山东	2018.06.01	1 910	1 730	1 550	
河南	2017.10.01	1 720	1 570	1 420	
湖北	2017.11.01	1 750	1 500	1 380	1 250
湖南	2017.07.01	1 580	1 430	1 280	1 130
广西	2018.02.01	1 680	1 450	1 300	
海南	2016.05.01	1 430	1 330	1 280	
重庆	2016.01.01	1 500	1 400		
四川	2016.07.01	1 500	1 380	1 260	
贵州	2017.07.01	1 680	1 570	1 470	
云南	2018.05.01	1 670	1 500	1 350	
西藏	2018.01.01	1 650			
陕西	2017.05.01	1 680	1 580	1 480	1 380
甘肃	2017.06.01	1 620	1 570	1 520	1 470
青海	2017.05.01	1 500			
宁夏	2017.10.01	1 660	1 560	1 480	
新疆	2018.01.01	1 820	1 620	1 540	1 460

从图 3-1 中可以看出，北京、上海、广州、深圳的最低工资标准要高于其他地区，而像江苏、浙江这样的东部地区，则高于河南、山西、陕西这样的中西部地区。之所以出现这种情况，是因为经济发展水平是最低工资标准的最佳反映。

基本薪酬除了会受到经济发展水平和当地消费水平的影响以外，还会受到经济大环境的影响，其中最具代表性的就是通货膨胀。那么，什么是通货膨胀呢？简单来说，这里的"通"指的是"流通"，"货"指的是"货币"，通货膨胀也就是指流通中的货币变多。如果流通中的货币变多，而交易的增长速度并没有赶上货币变多的速度，那么货币就会贬值，也就是我们通常所说的钱根本不值钱。

通货膨胀虽然是一个比较正常的经济现象，但如果膨胀率过高的话，就会造成非常严重的经济危机。到了那个时候，人们很可能需要带一大袋钱才可以买一袋面粉。不过，一般情况下，通货膨胀在可控范围内，企业要想保证员工的基本生活，那就可以适当提高基本薪酬，不过必须要把握好一个度，例如，把 3 000 元调至 3 500 元，就算得上十分正常。

🈳 3.2.2　同类员工基本薪酬变化

参加工作后，大家应该都会有这样的体验：你在某个企业从事行政岗位，每月的薪酬是 4 000 元，而当你听到高中同学在某企业的技术研发岗位每个月拿 8 000 元的薪酬时，往往感叹自己当初选择了错误的专业，并加以象征性的自嘲，接着便把这件事情放下。

在工作中，很多人应该还有过这样的体验：在 A 企业技术研发岗位的某员工每月的薪酬是 6 000 元，而在 B 企业技术研发岗位的某员工每月的薪酬是 8 000 元，两个员工在经过交流后发现各自的工作性质和工作量都没有太大差别，这时候 A 企业的员工肯定会觉得不公平，并心生抱怨，而这种抱怨也从他这里传向其他同事耳朵里。

通过上述两个案例可以看出，对于员工而言，如果其他岗位的薪酬比自己的高，那么通常不会有情绪上的变动和心理上的不满。但是，如果是同类岗位的薪酬比自己的高，那么就很难甚至根本无法淡然处之，于是，他们就会以怠工的方式表示抗议，或者联合其他同事一起向企业管理人员反映。总而言之，这个事情必须要解决，解决的办法就是要和同类岗位的其他员工拿到同样数额的薪酬。

既然企业最终面对的结果是要给员工一个达到他们预期的薪酬，那么为了避免因岗位薪酬低于同类岗位而造成员工懈怠和不满，企业最有利也是最有效的方式还是积极关注同类岗位在其他企业当中的薪酬水平，并将其作为自身岗位设计薪酬的参考。有的时候企业把岗位薪酬设计得略高于其他企业同类岗位的薪酬，然后再告知所有的员工，还可以起到非常有效的激励作用。

📖 3.2.3　员工本人知识、经验变化和企业业绩变化的交互作用

在讲述员工本人知识、经验变化和企业业绩变化所导致的薪酬变动时，可以用海尔来举例。海尔在刚刚创立的时候，生产人员每个月可以生产出十台乃至更多的冰箱，但质量都不是特别高，所以也就有了之后张瑞敏公开砸冰箱的事件。经过一段时间的发展，海尔的生产人员已经熟悉了生产冰箱的各个程序，不仅可以保证质量，每个月的产量还是之前的好几倍。那么，在这种情况下，海尔的管理人员会怎么想，员工又会怎么想呢？

管理人员想的肯定是如何继续提高产量和扩大规模，而员工想的则会是自己已经比之前生产出更多质量上乘的产品，薪酬是不是应该上调。毋庸置疑，如果管理人员依然按照原来的薪酬支付给员工的话，那么员工的积极性和主动性就会大幅度降低。所以管理人员应该在提高基本薪酬水平的前提下，利用剩余的利润扩大生产规模，并招进一些更加优秀的员工。

从上面的例子可以看出，不论是企业还是企业内部的员工，其实都处在一个不断成长、持续进步的状态。在初期，员工可能会存在知识欠缺、经验不足的问题。但是，随着其在岗位上的不断实践，日积月累，对工作的熟练程度会与日俱增，同时还会带来工作效率的提高。另外，企业在刚刚创立的时候，对员工的素质并没有太高的要求。但随着企业的进一步发展及规模的逐渐扩大，其在社会上的影响力必然会有很大提升，对员工也有更高的要求。

也就是说，一方面是企业原有员工的进步促进了企业业绩的增长，企业反过来提高这些员工的基本薪酬，前面提到的海尔就是一个非常有代表性的例子。另一方面是企业的规模已经扩大，这时候企业内部那些已经入职很久，经验非常丰富的员工，基本薪酬要有相应的提高。但企业反过来要求的条件是，员工的知识背景或经验背景比较优秀，例如，好未来刚刚发展起来的时候，北京总部的入职门槛是普通大学本科，而现在已经变成了"211""985"等大学的本科学历。

:::::::::: 3.3　基本薪酬的支付形式 :::::::::::

基本薪酬的支付形式往往会因为工作性质和员工类型的差异而有很大的不同，但其目的都是希望支付形式可以更加适合对应的岗位，从而给予员工同其付出相对等的薪酬。实际上，无论是我们经常接触到的普通员工，还是那些具有一定知识和技能的专业人力资源，抑或是那些层次较高的企业家型人力资本，都有着独具特色的支付方式。接下来的几个小节就对此进行详细说明。

🈁 3.3.1　普通员工：计时薪酬 + 计件薪酬

这里所指的普通员工其实就是那些从事体力劳动的员工，对于这类员工来说，无论工作性质存在什么样的差异，一般都采取计时薪酬和计件薪酬的支付形式。这里可以用具体的例子对这两种支付形式加以说明和对比。

其实，很多刚刚进入大学校园的大学生都有这样的体验：希望通过自己的努力挣一些生活费，但是，由于他们毕竟刚从高中校园走出来，并没有太多的技能和经验，所以，只能找一些不是特别累的偏体力工作。例如，李丽曾经在大学的图书馆里做兼职，主要的工作内容就是上架、排架及对新购买的书籍进行盖章和核验。通常情况下，兼职的基本薪酬都是采用计时薪酬形式，李丽的基本薪酬为每小时 8 元。此外，派发传单这种工作也是采取计时薪酬的支付形式，一般是每小时 15 元。

除了计时薪酬外，计件薪酬也是基本薪酬的一种支付形式。当然，很多人可能没有切身体会过这种支付形式，但肯定有所了解。例如，与人们日常生活息息相关的外卖配送员，他们采用的就是计件薪酬方式，通常是每单 3 元，如果遇到大雨、大雪、刮风等恶劣天气的话，则会上调至每单 5 元。

比较来看，在计算上，计时薪酬似乎更加方便，因为每天的工作时间比较固定，所以不用消耗很多时间和精力就可以将应该支付的薪酬计算出来。而计件薪酬由于不同员工每天的工作量一般都不同，因此这种薪酬方式计算起来会比较麻烦。

在激励效果上，计时薪酬不与员工的工作努力程度挂钩，激励效果相对较差。例如，某企业指定两个员工去派发宣传单，薪酬是一天 150 元。其中一个只派发了半小时就开始坐在一旁休息，而另一个则认真派发了七个小时，到最后他们还拿到了相同的薪酬。很明显，对于后者来说，这是非常不公平的。而计件薪酬则与员工的工作努力程度息息相关，所以，激励效果往往会比较明显。

由此可见，无论是计时薪酬，还是计件薪酬，都有各自的优势和劣势，所以，一般很难评判到底哪一种比较好。在这种情况下，企业就需要根据自身的实际情况和工作的所属种类，选择更加适合自己的那一种。

3.3.2　专业人力资源：月薪＋年薪

专业人力资源指的是前面提到的那些白领群体，因为这一群体往往上过大学，受到过良好的专业教育，具备一定的理论知识和实践技能，所以他们能够在第一时间适应新岗位上的工作，而且他们付出的也主要是脑力劳动。

众所周知，每一所大学都会有严格的专业划分，而这也在很大程度上为毕业生指明了工作方向。例如，英语专业的毕业生可以从事翻译、教师、编辑等工作；会计专业的毕业生可以从事财务方面的工作；营销专业的毕业生可以从事与营销有关的工作；而土木工程专业的毕业生则有机会成为一名优秀的土木工程师。还有法律、历史、化学制药、编导、设计、纺织等各种专业的毕业生，都可以在自己所学专业的基础上寻找合适的工作。

具备必要的专业素养的专业人力资源，其基本薪酬应该用哪一种形式进行支付呢？下面可以通过具体的例子进行详细说明。

假设某建筑设计师用了一个月的时间还没有完成企业要求的建筑图纸，或是连续几个月画的建筑图纸都未被通过，那么这时如果采用计件薪酬或者是计时薪酬的话，就很难计算出应该支付的具体金额。

另外，如果经常在外进行采编的记者，不仅工作时间很难计量，工作成果更是不容易量化，这时无论采用计时薪酬还是计件薪酬来支付薪酬，操作起来都会非常麻烦。这种情况下应该怎样做呢？最好的办法就是采用另两种支付形式，分别是月薪和年薪。

这里所说的月薪和年薪与我们经常听到的月收入和年收入有很大不同，一般指的是每个月及每一年都会支付给员工的基本薪酬。

不过，在计算月薪和年薪的具体金额时，往往有很多因素需要考虑。岗位等级不同，创造的价值也不同，导致基层管理者和高层管理者的基本薪酬也不同。个人能力也是因素之一，例如，一个博士生和一个本科生，即使二者在同一个岗位，前者的基本薪酬也会比后者高很多。

当然，除了上述因素以外，还有其他很多因素，而且除了月薪和年薪以外，基本薪酬也还有很多别的支付形式。这部分内容会在下面的章节当中进行更加细致精准的介绍。

🖼 3.3.3　企业家型人力资本：年度基本薪酬

要想掌握企业家型人力资本的基本薪酬支付形式，首先应该了解两个概念，即"企业家"和"人力资本"，其次还必须弄明白这两个概念之间的关系，最后也最重要的则是厘清企业家型人力资本与一般人力资本在基本薪酬上的差异。

实际上，对于绝大多数人来说，一听到资本，最容易想到的就是动产和不动产，而这也确实是可以展现企业自身经济能力的一个重要因素。不过，一个企业要想正常运营并且得到发展的话，只有动产和不动产这种资本是远远不够的，同时还应该具备强大的人力资本。

另一个概念就是企业家。提起企业家，我们往往能想到这样一批人，例如，王石、潘石屹、柳传志、雷军、俞敏洪、马云、马化腾、李彦宏等。通常情况下，企业的很多员工都可以算是人力资本，而在人力资本中，刚刚提到的这批人就属于企业家型人力资本。这也就表示，企业家型人力资本指的是处在人力资本顶端的那一小部分人，他们通常有着比较明显的特征，主要包括以下几个，如图 3-1 所示。

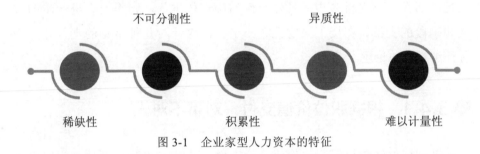

不可分割性　　　　异质性

稀缺性　　　　积累性　　　　难以计量性

图 3-1　企业家型人力资本的特征

企业家型人力资本往往非常稀缺，对企业的经营和发展有着至关重要的作用，而且与企业存在不可分割的关系。例如，俞敏洪不会离开新东方去学而思，张瑞敏不会离开海尔去格力，马云不会离开阿里巴巴去百度。之所以会如此，主要就是因为他们已经和企业共同成长了很长一段时间，积累了岗位所要求的各种资格和条件，对于企业的制度和战略也非常熟悉，在管理上也有着得天独厚的优势。

当然，他们也不同于一般的人力资本，虽然他们的工作时间看起来和一般员工没有太大不同，但事实并非如此。具体而言，与一般人力资本相比，企业家型人力资本的工作时间要更长，为企业所做的贡献价值也要更多，工作价值也更难计量。

在这种情况下，如果采用前面的形式为企业家型人力资本支付基本薪酬的话，就不是特别合适。所以，企业一般会对其采用年度基本薪酬作为支付形式，在确定依据上也是有很多选择，例如，企业的具体规模，外部的市场环境、每年的实际收益、一般人力资本的平均薪酬、企业的发展阶段等。

3.4　基本薪酬的支付方法

基本薪酬的支付形式解决的是支付的目的问题，即为什么要使用这种支付形式，而支付方法指向的则是手段，是基本薪酬支付更为具体的表现，同时也是支付形式在同一个方向的延伸。例如，确定采用月薪的支付形式以后，那么应该支付多少，具体金额的确定依据等，则需要有进一步的方法和手段的支撑。在接下来的几个小节里，将针对几种常见的支付方法进行详细具体的论述。

3.4.1　根据职位价值支付，对事不对人

第一种方法是根据职位价值进行支付。这种方法的前提是对职位价值进行深入分析，然后确定基本薪酬的具体金额。这里必须注意的是，具体金额一旦确定，无论是哪位员工，只要达到了岗位要求并正式入职以后，就可以享受这一具体金额下的基本薪酬。

以中国人寿的人力资源部门为例，普通员工每个月的基本薪酬是 2 500元，小组经理是 5 500 元，小组高级经理是 6 500 元，而部门经理则达到了8 000 元。张某是该部门的一个普通员工，从他那里可以了解到，目前的部门经理是一个从苏州大学毕业的 2011 级本科生，也是从一个普通员工一步步走到了现在的位置，而前一任部门经理则是南开大学毕业的硕士。虽然两人的学历有较大差距，但基本薪酬是相同的。

通过上述例子可以看出，职位和基本薪酬一经确定，就不会因为员工的差异而进行调整。也就是说，当现在的部门经理还是一名普通员工的时候，中国人寿不会因为她是苏州大学的本科生，基本薪酬就高于那些学校不如她好，学历不如她高的普通员工。同样地，当她成为人事部门经理以后，也不会因为她的学历没有前一任高，就使其基本薪酬有所降低。当然，在这种支付方法下，只要员工处在相同的岗位上，企业也不会因为某个员

工比另一个员工工作得好或差，就调整其基本薪酬的具体金额。

这种支付方法的好处是可以保证内部公平。例如，在同一个岗位上，一个员工不会由于自己的学历没有那么好就承受薪酬低于其他员工或者自尊受损的压力。如此一来，这个员工就可以拥有很多学习及努力的时间和空间，从而不断提升自己。更重要的是，还有利于企业对人力资源的长期培养。

当然，从某种意义上讲，这种优势也有一部分缺陷。例如，对于那些学历较高、能力较强的员工来说，自身的基本薪酬无法在岗位上得到照顾，那么就很有可能在工作一段时间以后选择去那些更能体现自身价值的企业。还有就是那些业务比较好的员工，如果基本薪酬没有得到照顾，而且长期没有晋升机会的话，那么也许会以消极怠工的方式对企业进行回应，充分表达自己的不满。

3.4.2　根据能力支付，对人不对事

上一节介绍的是不看"出身"，只根据职位来支付基本薪酬的方法。其实从我们以往的经验来看，既然有不看"出身"的方法，那么肯定还会有看"出身"的方法。所谓"出身"，指的就是能力，但是能力的评价很难量化，所以就需要找到一些比较简单的策略，如看学历，看资格证书等。

这种根据能力支付基本薪酬的方法也比较常见。例如，天津有家规模比较大的教育机构——瑞友教育，在校园招聘的宣讲会上，就曾对同一岗位的基本薪酬作过不同划分。具体来说，该教育机构的目标定位是天津，主要覆盖了四所高校，分别是天津大学、南开大学、河北工业大学和天津师范大学。其中，毕业于前两所高校的本科生可以拿到 5 000 元的基本薪酬，而后两所高校本科生的基本薪酬是 4 000 元。如果是天津大学和南开大学的研究生，那么基本薪酬可直接调整到 7 000 元，后两所高校研究生的基本薪酬也达到了 5 500 元。

除了学历以外，还有许多企业会依据员工已经或者即将取得的资格证书支付薪酬。例如，在中公教育，取得教师资格证书的员工要比没有取得教师资格证书的员工拿到更高的基本薪酬；在律师事务所，即便是同一所

高校毕业的员工，通过司法考试的要比没有通过司法考试的基本薪酬高出许多。

由此可见，根据学历支付基本薪酬和根据资格证书支付基本薪酬，都已经成为各大企业的选择。而这种根据能力支付基本薪酬的方法也有相应的缺点和优点，具体包括以下几个，如图 3-2 所示。

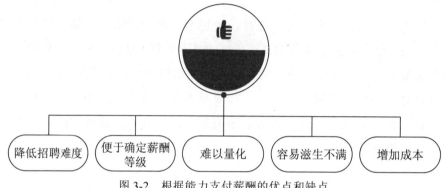

图 3-2   根据能力支付薪酬的优点和缺点

在如今这个就业市场高度饱和的时代，根据能力支付基本薪酬可以帮助企业尽快筛掉一部分不满足条件的员工，这也是降低招聘难度的一种策略。此外，将资格证书作为依据，虽然不能保证 100% 准确，但是在总体上还是能帮助企业挑选出一部分真正有能力的员工，从而使薪酬等级更加科学合理、精准有效。

不过，这种方法也有缺点，例如，能力是难以量化的，并不是研究生的能力就一定要比本科生强，也不是知名院校的毕业生就一定比一般院校的毕业生能力高。还有就是内部不公平，例如，同样的岗位，在基本薪酬上，知名院校的毕业生比一般院校的毕业生高很多，如果两者能力并没明显差别的话，很容易滋生不满，而这种不满一旦滋生，就会导致员工之间不配合、不团结，从而严重影响整个部门乃至整个企业的正常运作。

最后就是容易增加成本。仍以教育机构为例，经过专业培训以后，在教学效果上，知名院校的毕业生与一般院校的毕业生可能不会有太大差别。同样的，本科生和研究生也不会有太大差别。在这种情况下，如果为知名院校的毕业生及高学历者提供更高的基本薪酬，那么企业难免需要承担一笔成本，而且收益还很可能不会出现变化。

🈴 3.4.3 根据绩效支付，小范围出现

一般来说，绩效奖金很少有机会能成为基本薪酬的支付形式，因为基本薪酬的主要目的是保障员工的基本生活及维持岗位的正常运作，而绩效奖金这种支付形式的目的在于激励员工。因此，大部分企业会将绩效奖金作为基本薪酬的补偿支付形式，主要是迎合工作性质，降低自身成本。

这里可以举两个例子来说明根据绩效支付基本薪酬的原因。首先是外卖配送员，他们的基本薪酬几乎都是根据绩效进行支付，通常是配送一份外卖可以得到 3 元的报酬，也就是说，如果平均每天配送 50 份外卖的话，可以得到 150 元的报酬，每个月则是 4 500 元，那么 4 500 元就是他们的绩效奖金。

如果企业再按照一般城市的平均消费水平给予他们一定的基本薪酬，假设每月 2 500 元，那么外卖配送员每月就可以获得 7 000 元的收入。根据目前的收入水平可以知道，月收入达到这一水平的基数并不大，而且该项工作的门槛并不高，那么无论从企业的支付成本还是目前的平均收入水平来看，这样的薪酬支付方式都存在一定问题。

上面说的是外卖配送员，属于体力劳动行业，在脑力劳动行业中其实也存在这样的支付方法。例如，保险销售人员，深入分析的着眼点和落脚点与外卖配送员十分类似，主要依据都是按照平均工作效率来大致计算出每月的收入，然后降低或者省去基本薪酬的支付，这样既可以帮助企业减少成本，也可以有效激励员工。

当然，根据绩效支付基本薪酬的方法也有一定的局限性。因为对于很多企业而言，绩效并非都可以量化。例如，一个建筑企业的建筑设计师，或者一个教育机构的教师等，这类员工的绩效很难被精确地计算出来，因此，这类企业不太适合这种支付方法。另外，绩效支付方式不具有稳定的保障性。例如，一旦企业的经营状况变差，员工的绩效也会随之降低，很可能会导致员工收入无法保障基本生活的现象，久而久之，员工就会有离开企业的想法和行动。

🖋 3.4.4　根据市场水平支付，针对特殊人才

　　2017 年 9 月，"985"和"211"计划内的高校名单被新出台的"双一流"计划内的高校名单所取代，这也就意味着新一轮的高校排名竞争已经开始，很多高校为了吸引高素质教师可谓是煞费苦心。无论宣传和推广多么新颖和有趣，最终无外乎都归于一点，那就是待遇，再通俗一点，就是年薪、奖金或者其他福利。原因就是建设一流高校的基础是高素质教师，为了提升自己的竞争力，高校必须不惜重金也要争取到更多的一流教师。

　　很多人可能不解，为什么要用一个和普通企业不是很相关的例子呢？因为高校毕竟属于事业单位，所以会显得更加有说服力。总的来说，高校用重金吸引高素质教师是出于这样的考虑：目前，高素质教师处于供不应求的状态，那么要想在激烈的招聘竞争中取得胜利，就必须根据市场的实际情况，给出高于市场水平的薪酬。可见，这完全是按照市场法则来进行的人才吸引。既然像高校这样的事业单位都是如此，那么处于市场之中的企业，在吸引一流人才的时候就更应该如此了。

　　众所周知，企业要想正常运转的话，除了需要普通员工，还需要一些特殊人才，例如，技术人员、管理人员等。通常情况下，每个企业对特殊人才的需求都比较大，而特殊人才又是一个非常稀缺的群体，因此，对这类人才的招聘竞争会异常激烈。另外，即使企业成功招聘到了一批特殊人才，如果无法为其确定一个合理的基本薪酬，那么他们也很可能会选择离职。

　　例如，一个高级技术人员在找工作，华为给出的基本薪酬是 A，小米给出的基本薪酬是 B，OPPO 给出的基本薪酬是 C，那么这个高级技术人员的基本薪酬就是这三个企业在市场中进行博弈的结果。

　　根据市场水平支付基本薪酬的方法既有优点也有缺点。优点是可以帮助企业招聘到高度稀缺的特殊人才，从而提高企业的市场竞争力，帮助企业创造更大的效益。再来说缺点，因为吸引特殊人才进入企业就像吸引高素质教师进入高校一样，都是以支付高额报酬为前提的，如果特殊人才在正式入职后不能发挥预期的作用，或者企业对市场的预判不够准确，就会让企业遭受比较大的成本损失，而且也容易造成内部的不公平。

3.5　基本薪酬的设计流程

通过前几节的内容，大家已经对基本薪酬有了非常深刻且全面的了解，但具体到实际操作上可能还不是非常娴熟。基本薪酬究竟应该如何设计呢？基本薪酬的设计主要包括以下几个环节：进行岗位评价、确定岗位等级、进行薪酬调查、了解企业实际情况、确定薪酬等级的中点值与中点值极差、确定相邻薪酬等级间重叠部分大小、设定薪酬带宽等。本节将对基本薪酬的设计进行详细介绍。

3.5.1　岗位评价，确定真正价值

众所周知，在企业当中，不同岗位的职责、重要性、影响力都是不同的，而这也导致了岗位要求、工作环境、工作条件的不同。因此，在确定基本薪酬之前，对各岗位进行合理评价是非常必要的。

但必须承认的是，岗位评价并不能决定基本薪酬的具体数额，而是只能对基本薪酬的设计进行指导。这也就表示，在设计基本薪酬的时候，必须要以企业的自身情况为基础，同时还要重视内部公平性问题的解决。下面以某企业（记为企业 A）为例对此进行详细说明。

企业 A 经过仔细审核以后发现，行政总监岗位的基本薪酬应该是 6 000 元，而销售总监岗位的基本薪酬应该是 8 000 元。但是，目前这两个岗位的基本薪酬分别是 4 500 元和 7 500 元，这让该企业的人力资源管理人员十分头疼。因为行政部门是一个弱势部门，行政总监即使只拿 4 500 元，员工还是觉得不公平。

于是，企业 A 对行政岗位和销售岗位进行了一次全面且深入的评价，结果表明，这两个岗位在企业都有着非常重大的价值。另外，通过对行政总监、销售总监的考核可以知道，行政总监的基本薪酬应该在 5 500 ～ 6 000 元，而销售总监的基本薪酬则应该在 6 500 ～ 8 000 元。

经过高层管理人员的进一步讨论，企业 A 决定将行政总监的基本薪酬调整

为 5500 元，而销售总监的基本薪酬因为已经接近岗位上限，所以维持不变。随后，人力资源管理人员将结果展示出来，让每一位员工都能了解行政岗位的重要性及行政总监的价值，此后，大家再也没有反映过基本薪酬的不公平问题。

在企业 A 的案例中，行政和销售是两个完全不同的岗位，销售总监的价值、影响力会相应地大一些，所以，此岗位的基本薪酬也要略高些。当然，行政总监的作用也是不可以忽略的。在制定薪酬的时候，必须要进行岗位评价，而不能一味地追求差异或者平等。

3.5.2 确定岗位等级

完成岗位评价以后，下面介绍基本薪酬设计的第二步——确定岗位等级。实际上，基本薪酬设计就是对岗位等级进行"定价"的过程。通常而言，一个规范的基本薪酬设计要从两个方面着手：第一个方面是如何确定岗位等级，第二个方面是如何确定基本薪酬数额。

在得到岗位评价的结果以后，首先要做的应该是实现"岗位评价结果"与"岗位等级"的对应转化。换句话说，也就是获得岗位分布等级。那么，岗位分布等级应该如何获得呢？有一个比较简单的方法：假设各岗位等级的点值差保持一致，再按照平均点数进行切割。

如果整合成具体公式的话，那就是各岗位等级的点值差 =[（岗位评价结果的最大值－岗位评价结果的最小值）－（期望的岗位等级数目 -1）]/ 期望的岗位等级数目。以富士康为例对岗位等级确定进行说明，该企业将员工分为三个等级，如图 3-3 所示。

图 3-3 富士康员工的岗位等级

其中，普通员工的基本薪酬在 2 000 元左右，如果加班的话，还会有额外的加班费用。"员级"员工是普通员工中做得比较好的，如果想要升到这一等级的话，需要经过相应的考核。当然，"员级"员工的基本薪酬和加班费用都要比普通员工略高。

"师级"员工是富士康所有员工中等级最高的，也就是所谓的工程师。不仅如此，富士康还将"师级"细分为十四等，分别为"'师一''师二''师三'……'师十四'"。与普通员工和"员级"员工相比，"师级"员工的基本薪酬要高很多。一般来说，"师一"的基本薪酬在 3 000 元左右；"师二"的基本薪酬在 3 500 元左右；"师三"的基本薪酬在 3 500 元以上。

由此可见，在富士康，员工的基本薪酬与其岗位等级是息息相关的，而且等级越高，基本薪酬就会越高。这样的基本薪酬设计方式不仅可以激发员工的工作积极性，而且还可以在很大程度上保证内部公平性。

3.5.3 进行薪酬调查

为了保证基本薪酬的合理性和科学性，进行薪酬调查是非常必要的。这里所说的薪酬调查一共包含两种类型，分别是内部薪酬调查和外部薪酬调查。其中，内部薪酬调查比较容易进行，最常用的方法是问卷法。在使用该方法的过程中，最重要的就是设计一份基本薪酬调查问卷，而问卷的内容应该包括对当前基本薪酬是否满意，对未来的基本薪酬有何希望等。

除了内部薪酬调查以外，外部薪酬调查也十分重要，这关系到企业的薪酬策略以及员工的留存。通常情况下，与内部薪酬调查相比，外部薪酬调查的方法要多一些，主要有以下几种，如图 3-4 所示。

1	公开信息调查法
2	招聘信息调查法
3	专业机构调查法
4	同行调查法

图 3-4 外部薪酬调查的方法

1. 公开信息调查法

人社局或人才网会不定期发布一些行业薪酬调查结果，这是了解外部薪酬情况的一条便捷渠道。但是，通过该渠道了解到的外部薪酬情况往往会有一定水分，因此，大家必须自备一双慧眼进行更深层次的过滤。

2. 招聘信息调查法

招聘信息调查法也是进行外部薪酬调查的一把"利器"。一般来说，大多数企业在发布招聘信息的时候，都会把基本薪酬展示出来，这是外部薪酬情况的一个重要来源。另外，如果招聘信息上没有基本薪酬的话，还可以将应聘者约来面试，然后在面试过程中询问原企业的基本薪酬。

当然，招聘信息调查法必须要有相应的样本支撑，不可以只获取了很少的外部薪酬情况就得出结论。不仅如此，在选择样本的时候，也要选择代表性企业的薪酬情况，这样才可以将偏差降到最小。

3. 专业机构调查法

如果找专业机构进行外部薪酬调查的话，得到的结果会比较全面，也比较准确。因为通常情况下，专业机构的信息都是从国家相关部门那里获取的，从而保障了信息的权威性和专业度。不过，这个方法的成本比较高，中小型企业恐怕无力承担。

4. 同行调查法

同行调查法一般指的是通过人力资源管理人员交流平台寻找相同行业的从业人员，双方根据各自的薪酬情况进行深入沟通。这个办法虽然既节省时间，又不需要花费太多成本，但同行之间难免会不愿透漏真实的薪酬信息。

无论是内部薪酬调查还是外部薪酬调查，每个企业都会有自己的安排，而上述4种方法则是最常用也最普遍的。然而，随着人工智能的不断发展进步，依托于该项技术的薪酬分析平台也越来越多。在这些薪酬分析平台的助力下，薪酬调查将会变得更加简单快捷。由此可见，在未来，薪酬调查将会展现出另一番景象，这也会进一步提升基本薪酬的合理性和科学性。

🖋 3.5.4　了解企业的薪酬策略和支付能力

在设计基本薪酬的过程中，对企业实际情况进行深入了解是一个非常必要的环节。那么，这里所说的企业实际情况究竟指的是什么呢？下面从以下两个方面进行详细说明，如图 3-5 所示。

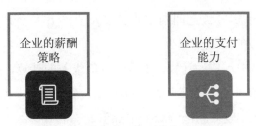

图 3-5　企业实际情况的具体内容

1. 企业的薪酬策略

一般来说，企业的薪酬策略一共包含三种类型，分别为领先型薪酬策略、跟随型薪酬策略和滞后型薪酬策略。其中，领先型薪酬策略指的是企业薪酬水平高于市场薪酬水平的策略，跟随型薪酬策略指的是企业薪酬水平接近或者等于市场薪酬水平的策略，滞后型薪酬策略指的是企业薪酬水平低于市场薪酬水平的策略。大家必须知道的是，领先型薪酬策略需要较高的成本，因此，这种方式比较适合大型企业。

2. 企业的支付能力

实际上，无论是进行基本薪酬的设计，还是进行其他薪酬的设计，都应该充分了解企业的支付能力，而企业的支付能力一共包含两层含义。第一层是，从短期来看，企业的净盈利可以支付起所有员工的薪酬；第二层是，从长期来看，企业在支付完所有员工的薪酬以后，要有一定的剩余，这样才可以保证企业的对外投资，进而促进自身的可持续发展。

在了解企业实际情况的时候，上述两个方面是与基本薪酬有着密切联系的，因此，大家必须要熟记于心。实际上，要想让基本薪酬更加科学合理的话，对企业实际情况进行了解是绝对不可以被忽略的环节，这是所有人力资源管理人员都必须知道并能够合理运用的。

⊗ 3.5.5 确定薪酬等级的中点值与中点值级差

确定薪酬等级的中点值与中点值级差也是基本薪酬设计中的一个必要步骤。其中，中点值指的是薪酬等级中处于中间位置的薪酬数额；中点值级差指的是相邻薪酬等级之间的中点值变动百分比。一般来说，中点值级差越大，薪酬等级的数量就越少。

另外，无论是中点值的计算，还是中点值级差的计算，都有相应的公式。具体而言，中点值 =（薪酬最小值 + 薪酬最大值）/2；中点值级差 =[（较高薪酬等级的中点值 / 较低薪酬等级的中点值）−1]×100%。

在确定薪酬等级的中点值时，需要考虑几个方面的要素，分别是企业的薪酬定位、薪酬调查过程中选择的调查对象、企业的薪酬成本等。同样地，在确定薪酬等级的中点值级差时，也要考虑中点值级差是否合理。因为中点值级差过大会让企业承担过高的薪酬成本，而中点值级差过小则会对薪酬的激励作用产生不良影响。

⊗ 3.5.6 确定相邻薪酬等级间的薪酬重叠度

薪酬重叠度指的是较高薪酬等级区间与较低薪酬等级区间重复的比例。薪酬重叠度之所以会存在是因为与不称职的高等级员工相比，能力强的低等级员工也许会为企业做出更大的贡献。这也就意味着，如果没有薪酬重叠度的话，那些低等级员工就算再优秀也拿不到与高等级员工相等或者更丰厚的薪酬。

在计算薪酬重叠度的时候，应该使用下面这个公式：薪酬重叠度 =（较高等级的薪酬 − 较低等级的薪酬）/ 较低等级的薪酬幅度 ×100%。通常而言，在实际操作当中，薪酬重叠度不应该超过 50%，最好保持在 30% 左右。

另外，薪酬重叠度一共有三种表现形式，分别是无重叠无缺口、有重叠和有缺口。而在确定薪酬重叠度的时候，往往需要考虑以下几个要点，如图 3-6 所示。

图 3-6　确定薪酬重叠度需要考虑的要点

首先是企业类型。如果是劳动密集型企业的话，那么薪酬重叠度则要适当小一些，甚至可以没有重合度；如果是技术密集型企业或者创新型企业，那么薪酬重叠度就要稍微大一些。

其次是薪酬等级。一般而言，低薪酬等级的薪酬重叠度会比较高，而高薪酬等级的薪酬重叠度则会比较低。

最后是企业薪酬成本，了解企业的薪酬成本，如果薪酬水平太高而无法承受的话，那么就必须让重合度大一些，进而实现薪酬水平的扁平化。

3.5.7　设定薪酬带宽

一般情况下，在设计薪酬架构的时候，每个岗位等级所对应的薪酬都是一个区间值，这个区间值一共由三个部分组成，分别是岗位等级对应薪酬的最小值、岗位等级对应薪酬的中点值和岗位等级对应薪酬的最大值。

众所周知，企业中每一个岗位都会有等级上的差别，所以涉及的技能和职责也会有差别。在这种情况下，每个薪酬等级的带宽也就必须体现出差别。具体而言，如果岗位所涉及的技能与职责可以在短时间内掌握，那么该岗位的薪酬带宽就应该适当地小一些。

然而，如果岗位所涉及的技能与职责需要很长时间才可以掌握，并且发展空间也比较狭窄的话，那么该岗位的薪酬带宽就应该较大。总的来说，设定薪酬带宽的原则应该是岗位的等级越高，其薪酬带宽就应该越大，毕竟等级越高的岗位，员工就越难也越慢去胜任。

在设定薪酬带宽之前，了解影响薪酬带宽的因素是非常重要的一个环节。那么，究竟哪些因素会对薪酬带宽产生影响呢？主要包括以下几个，如图 3-7 所示。

图 3-7　影响薪酬带宽的主要因素

1. 岗位价值

岗位价值越低，其对应的薪酬带宽越小。同样，岗位价值越高，其对应的薪酬带宽越大。因为价值越低的岗位，员工之间的绩效差别就越大，所以要想激励那些有能力的员工努力工作，就必须设定比较大的薪酬带宽。

2. 岗位等级

大多数企业的结构都是金字塔形的，这也就意味着，处于越高等级岗位的员工，其继续晋升的空间就越小。所以，要想充分激发他们对工作的热情和积极性，就必须设定比较大的薪酬带宽。

3. 称职与优秀之间的能力差距

称职与优秀之间的能力差距越大，员工具备的技能就应该越多，承担的职责也应该越大。相应地，薪酬带宽也应该适当地增大。

4. 企业管理倾向

不同企业通常会有不同的管理倾向，这也会对薪酬带宽的大小产生影响。具体来说，如果企业倾向于拉开薪酬等级，鼓励存在薪酬差距的话，那么薪酬带宽就会设定得比较大。而如果是倾向于薪酬平等的企业，薪酬带宽则会设定得比较小。

在设计基本薪酬的时候，上述几个环节都是非常重要的，而且哪一个都不可以省略。实际上，人力资源从业者只要掌握各个环节的要点和方法，就可以顺利地设计出一个科学合理的基本薪酬。

🖳 3.5.8　案例：华为的薪酬分配制度

华为是一家非常著名的企业，该企业不仅在智能手机领域取得了良好成绩，还拥有着一套非常良好的薪酬分配制度。那么，华为的薪酬分配制度究竟是怎样的呢？具体可以从以下三个方面进行说明，如图 3-8 所示。

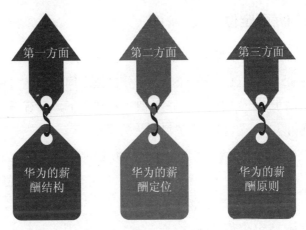

图 3-8　华为的薪酬分配制度

1. 华为的薪酬结构

华为将薪酬分成两大部分，第一部分是内在薪酬；第二部分是外在薪酬。其中，内在薪酬主要包括基本工资、奖金、津贴、福利等，这些都是可以通过金钱形式给予员工；而外在薪酬则主要包括富有挑战性的工作内容、良好的文化氛围、充足的培训发展机会等，这些都是需要依靠精神来感知的。

当然，在华为的薪酬结构中，对员工影响最大的应该还是股票认购。每次只要财年一开始，华为各个部门的管理人员就会确定可以进行股票认购的员工名单，而确定标准主要包括以下几个：入职时间、岗位等级、上年度绩效考核结果、其他员工评价、工作年限等。通常情况下，有一定等级的新进员工在工作满一年以后才可以进行股票认购。

另外，在华为，工作年限比较长，并且能力比较强的员工，可以获得比普通员工越丰厚的奖金和股票分红。例如，工作 5 年以上的优秀员工，年终奖可以达到 10 万元以上，股份红入也可以达到 10 万元以上。

华为内部股票的发放配额往往会根据员工的实际情况（例如，工作积极性、责任心、劳动付出、风险担当等）不断调整，而并非一成不变。在华为的股本结构中，不同等级的员工会获得不同的股票特权。具体而言，30%的优秀员工可以享有集体控股，40%的骨干员工可以按照一定比例控股，10%～20%的普通员工（包括新进员工）可以视实际情况参股。

2. 华为的薪酬定位

现如今，市场上超半数的企业都会让薪酬保持在中等位值，另外还有30%左右的企业会定位在中等位值到 75 分位值之间。但从目前来看，华为的薪酬定位是高于 75 分位值的，正所谓"重赏之下，必有勇夫"，这样的薪酬定位的确为华为吸引和留住了很多优秀员工。

在根据岗位等级进行薪酬定位时，市场上的普遍做法是中层管理等级以下的定位在中等位值，中层管理等级以上的定位在中等位值到 75 分位值之间。而华为则把中层管理等级以上的定位在 75 分位值以上，其余等级定位在中等位值到 75 分位值之间。

可以看到，华为的薪酬定位是要高于市场整体水平的，主要是由于华为拥有着"高质量、高压力、高效率"的企业文化，这与华为的薪酬定位是非常契合的。所以，在进行薪酬定位之前，了解企业文化是非常必要的。

3. 华为的薪酬原则

华为的薪酬原则是定岗定责、定员定酬。为了在最大程度上保证员工与岗位相匹配，华为都是在岗位说明书的基础上进行岗位划分的。不仅如此，为了实现岗位价值与员工薪酬的契合，华为还特意采取了基于能力的职能薪酬分配制度。另外，在华为，奖金的分配都是和绩效挂钩的：绩效越好，分配到的奖金就越多；反之亦然。这样的方式不仅可以提升薪酬分配制度的公平性，而且还可以激发员工的积极性和主动性。

华为的薪酬设计非常具有借鉴价值，甚至可以直接拿来使用。但大家必须知道的是，在实际操作的过程中还需要以企业实际情况为基础。例如，在薪酬结构方面，如果是未上市企业的话，那么就无法像华为这样将股票认购纳入薪酬结构当中。

此外，华为的薪酬定位要高于市场整体水平，由此带来的薪酬成本并不是所有企业都可以承受的。这也就表示，其他企业在进行薪酬定位时，必须要充分衡量自身的发展阶段，然后再选择一个合适的薪酬定位。

总而言之，薪酬设计的方法和框架可以直接借鉴并且使用，但是在实际操作及得出结果方面，并不需要与华为如出一辙，而是应该仔细审视企业的具体情况，做到真正意义上的因地制宜。

第 4 章

补偿薪酬：形式 +
前提条件

上一章已经讲过，基本薪酬的作用是保障员工的基本生活和维持岗位的正常运转。通常而言，这类薪酬往往是支付员工在正常工作时间和普通工作环境所完成的工作。但是，在企业实际运作过程中，很可能会因为业务的临时增加，或者市场环境的急速变动而使工作时间和工作环境产生差异。除此之外，当某项工作需要员工出差的时候，员工也要付出比平时更多的劳动。如果工作环境比普通室内环境恶劣很多的话，员工在得不到补偿的情况下，情绪更是难以平复。

因此，针对上述提到的这些情况，企业会通过补偿薪酬的方式更好地平复员工的情绪，保证企业内部的公平。本章将针对补偿薪酬的形式和前提条件进行详细的介绍和解释。

∷∷∷∷∷∷ **4.1 补偿薪酬的形式** ∷∷∷∷∷∷

很多员工在工作中都应该遇到过这样的情形，规定的下班时间是下午五点半，但很可能突然在上午接到一条晚上加班的通知，这就像上学时学校突然通知要补课一样令人沮丧。不过，两者不同的是，补课没有补偿，而加班有补偿。实际上，对于那些下班之后时间很充裕，又非常希望多赚钱的员工来说，加班不仅不是一件坏事，还非常有好处。例如，节省晚饭费用、得到加班费等。

除了加班之外，有时因为工作的需要，员工必须不停与客户沟通，于是就会出现乘车、电话、应酬等方面的额外费用，企业也应该对此进行补偿。当然，在物价上涨的情况下，如果基本薪酬没有调整，企业为了保障员工的生活水平不受影响，也会做出补偿。既然企业需要对员工进行如此多样的补偿，那么补偿的额度应该如何确定呢？接下来的几个小节，将围绕这些问题展开介绍。

4.1.1 加班费

张伟在上初三的时候，因为即将中考，所以，学习气氛在老师的督促下变得越来越紧张。正常的晚自习在 8 点 45 分结束，但自习结束后教室是不会熄灯的，所以，学生在教室学习到多晚都没有问题。在前几个月，张伟基本上都是晚自习刚结束就离开，可是到了最后三个月，老师鼓励他在教室多学习半小时。当然，对于张伟来说，这样的鼓励非常有效，他每天都会学习到 9 点半才回宿舍。

张伟在正常的学习时间之外继续学习，他除了获得老师的口头表扬和赞赏眼光，并不会得到任何物质上的奖励。大学毕业后，当张伟从校园走进职场，他逐渐发现这样的情形依然存在，只不过在形式上有了一些轻微的变化，例如，老师变成了管理者，学生变成了员工。

大家可以想象，如果张伟的加班没有补偿的话，那么仅仅是为了管理者考虑，而不像当初是为了他自己。在这种情况下，张伟很难有加班的动力。也就是说，企业要想保证员工加班，就有必要对员工进行补偿。

加班费的存在其实能够同时满足企业和员工。对企业而言，如果进行简单的量化，正常工作时间可以生产 5 件产品，加班之后可以多生产 2 件，这样不仅有利于让企业更有能力与其他企业进行竞争，而且还可以帮助企业占领更多的市场份额。还有一种情况，企业突然接到一笔订单，但这是在原有生产能力下无法如期完成的，可是企业又不想放弃这笔订单，那么在企业规模没有扩大的情况下，就只能用加班的方式完成这笔订单。

对员工而言，从人之常情方面来看，很少会有员工喜欢加班，就像有些人不喜欢学习一样。对于那些不喜欢学习的人来说，督促他们的可能是远大梦想，也可能是家长和老师的谆谆劝导。而对于不喜欢加班的员工来说，督促他们的往往是凤凰涅槃的理想人生，或者是步步紧逼的生活成本，如月末的房租、没有还清的房贷、孩子的学习费用等。基于此，为了让自己的生活更加美好，员工希望通过多加班来获得一些加班费。

在额度上，加班费一般有两个依据标准：一个是工资基数，另一个就是加班时间。其中，工资基数指的是正常情况下，一个员工一个月的工资额度是多少（这里不包括奖金），然后根据这一数据，计算出小时工资或日工资。

在加班时间上，一般加班时间（周一至周五）的加班费是原工资的150%，双休日的加班费是原工资的200%，而法定节假日的加班费则是原工资的300%。当然，在具体操作上，不同的企业可能会有所不同，例如，有一家企业，一般加班时间的加班费按照原工资发放。无论加班费如何设置，只要与企业的实际情况相符合，就是比较科学合理的。

4.1.2　津贴：医疗津贴 + 高温津贴 + 山区津贴

在谈论津贴之前，首先要区分两个概念，那就是"津贴"和"补贴"。一般而言，补贴主要面向员工的生活，例如，用餐、住房、租房、通信、交通等方面，在性质上更加倾向于企业的福利待遇，而且前提条件限制往往比较少。津贴则有所不同，其发放通常有一定的依据，如图 4-1 所示。

工作性质　　　　工作氛围　　　　工作环境

图 4-1　津贴发放的主要依据

无论是工作性质，还是工作氛围，抑或是工作环境，只要是比一般条件差一些，企业就会用津贴的方式予以补偿，而且补偿的种类有很多，例如，医疗津贴、高温津贴、山区津贴等。

首先介绍医疗津贴。对此，可能有些人会充满疑问，为什么加班费和医疗津贴会联系在一起呢？其实，二者虽然表面上看起来没什么联系，但如果细想一下的话，就会发现一些端倪。具体来说，加班意味着工作时间过长，员工缺乏及时的压力缓解和身体锻炼，久而久之即使没有明显的疾病征兆，也会呈现出亚健康的状态。

据相关资料显示，目前，中年一代的男性上班族已经显现出这样的特征：每周工作近 60 个小时，身体倦怠，情绪低迷，缺乏对新事物的激情，身体的各项机能衰退等。其中有一部分甚至还显现出了具体的病症，例如，内分泌失调、颈椎疼痛、腰椎间盘突出、肠胃炎、痔疮等。还有一些女性上班族也饱受月经紊乱等健康问题的困扰。

那么试想一下，对于员工而言，加班费与自己的身体健康相比，肯定后者更加重要。因此，为了稳固员工的情绪，更为了保证员工的身体健康，企业通常会定期为员工提供免费体检的福利，同时还会给予员工一定额度的医疗津贴。另外，如果员工因为工作而受伤住院的话，企业也会承担一部分住院费用。

下面介绍一下高温津贴。其实，很多人在学生时代努力学习，就是想在进入职场的时候可以在办公室工作，冬暖夏凉，不用承受烈日和寒风的摧残。但不得不承认的是，部分企业会有一些需要在外跑动的业务。

例如，保险企业的销售人员，在联系客户的时候常常需要登门拜访；物流企业的主要业务就是配送，这就更无法避免员工的风吹日晒。因此，为了补偿自己的员工，这些企业通常会提供相应的津贴，其中最突出的就是高温津贴。以顺丰为例，该公司就为配送员提供了每个月 300 元的高温津贴。

还有一种山区津贴，是针对工作环境发放的。和许多人想在办公室里工作以避免风吹日晒雨淋一样，很多人也想在大城市工作，毕竟大城市的基础设施更完备，更有竞争力，也有更加广阔的发展空间，而且工作以外的娱乐生活也比较丰富。相较之下偏远的地区在这些方面的条件就比较差。以瑞友教育为例，该教育机构为了吸引教师去郊区入职，通常会在郊区为每个员工提供免费住宿，而在市内六区工作的员工则不享受这项福利。

🔲 4.1.3　补贴：物价补贴＋交通补贴＋住房补贴

补贴是政府经常会使用的经济补偿形式，例如，"三农补贴""贫困补贴""医疗补贴"等。通常情况下，补贴没有太多的前提条件，而是一种优惠措施。随着时代的发展，补贴已经不再是专属于政府的经济补偿形式，很多企业也开始采用。那么，企业为什么会采用这种几乎没有前提条件的补偿薪酬呢？主要有以下三个原因，如图 4-2 所示。

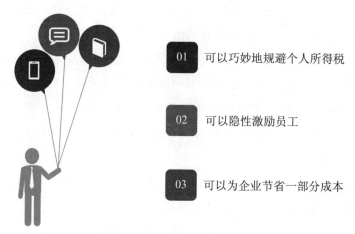

图 4-2   企业采用补贴这种补偿薪酬的原因

1. 可以巧妙地规避个人所得税

一般来说，企业采用补贴这种补偿薪酬，有一个最主要的原因就是规避个人所得税。在前面的章节中已经讨论过有效规避个人所得税的方法，其中有一种就是将补贴加入整个薪酬结构当中。

因为个人所得税征收的是员工的基本薪酬，如果企业把基本薪酬的金额降低，然后再通过诸如住房补贴、交通补贴等补偿薪酬的形式发放，那么就可以巧妙地规避个人所得税。以今日头条天津分部为例，该公司就把基本薪酬控制在刚好超过个人所得税征收的第一阶梯，转而通过交通补贴、住房补贴、用餐补贴等补偿薪酬的方式对员工进行补偿，金额大约为 1200元。在这种情况下，该企业就可以巧妙地避开第二梯度个人所得税的征收，从而节省一大笔薪酬成本。

2. 可以隐性激励员工

其次就是可以隐性激励员工。国家给农民的"三农补贴"虽然金额不是特别多，但是每一位农民都会感到非常高兴和满足，从而在耕作的过程中更加踏实努力。实际上，从某种意义上讲，企业对员工的补贴也是如此。例如，北京一家程序开发企业会为入职不满两年的员工发放每月 200 元的交通补贴和 500 元的住房补贴。虽然金额不多，但是那些还在租房及乘坐地铁上下班的员工却感到非常欣慰，也对这种制度感到非常感激，而激发出来的感情就是忠诚和报效，所以，这种补偿薪酬能够发挥出激励员工的强大作用，从而提升整体的工作质量和工作效率。

3. 可以为企业节省一部分成本

最后就是为企业节省一部分成本。也许很多人会想，企业对员工进行补贴，不是应该增加了成本吗，怎么还会节省一部分成本呢？仍以北京的那家程序开发企业为例，对于入职不满两年的员工，企业虽然发放交通补贴和住房补贴，但是相应地，企业也调低了基本薪酬的金额。

例如，在其他同类企业当中，新入职员工的基本薪酬一般为 5 500 元，而该企业给出的则是 4 200 元，企业在员工薪酬的成本上显然是低于其他同类企业的。与此同时，企业通过补贴的形式来补偿员工，然后再以帮助员工少缴纳个人所得税为由，能够很容易得到员工的认可和支持。

另外，在补贴的形式上，因为补贴的根本目的就是提升员工的基本生活水平，与员工的日常生活息息相关，所以，很多企业通常都会从交通、住房、用餐、租房等方面着手进行。这样不仅可以促进根本目的的实现，而且也可以提升员工的幸福感。

⋯⋯⋯⋯ 4.2　补偿薪酬的前提条件 ⋯⋯⋯⋯

补偿薪酬是企业的一项薪酬成本，但是，因为企业都是追求经济效益的，所以，任何企业都不可能盲目地增加支出。例如，加班费的支出是以员工提供额外劳动为前提，津贴的发放是以员工在更糟糕的环境及条件下工作为前提。即使是前提条件相对比较宽松的补贴，其实也是企业对员工进行隐性鼓励和节约一部分成本方面进行考虑的结果。那么在实际的操作中，企业采取补偿薪酬时，往往需要考虑哪些前提条件呢？接下来的几个小节将会对这一问题进行详细具体的介绍。

🖲 4.2.1　员工追求效用最大化

考研培训教师张雪峰在 2017 年讲的一段话曾经在网络上掀起轩然大波，而这段话也让他遭到了很多网友的不满甚至抨击，最后在舆论的压力下，他不得不对自己的言论进行更加详细的解释说明。那么张雪峰究竟说了什么话呢？

原来张雪峰在分享自己的奋斗经历时，讲述自己如何从一个新人走到今天，分析了大多数企业的发展现状和由他负责的一些企业的具体情况，最后公开指出，对于那些非常关心工资和福利的求职者一律拒绝录用。

他的这段话一说出来，很多网友就表示不解甚至愤怒，认为员工关心与自己切身利益密切相关的工资和福利是非常有必要，也十分正常。不难看出，网络的舆论几乎一面倒地反对张雪峰。那么对于企业而言，这种言论背后的思路究竟是存在问题还是具有一定道理呢？其实是有一定道理的。

实际上，很多企业的管理者都非常明白这一点，只不过没有像张雪峰那样将其说出来而已，正如《论语》所言"民可使由之，不可使知之"，张雪峰的做法在很大程度上犯了管理者的忌讳。

因为企业的管理者想要找的是热爱企业文化、熟悉工作内容、愿意在自己岗位上奉献和成长的员工，只有这样的员工才会让企业自愿给予薪酬上的报偿。如果反过来，员工一味地追求自己的报偿，并把报偿作为衡量自己是否努力工作的标准，那么对于企业而言，运转的动力就会缺乏而且不连续。

以一个人力资源从业人员的亲身经历为例。张明是一家汽车销售企业的人力资源从业人员，他在面试的时候经常会碰到这样的情况，到了求职者向人力资源从业人员提出问题的环节，部分求职者并不关心应聘职位在企业中的角色和地位、企业的文化、自己可以学到哪些东西、企业当前的处境和战略等，而是只关心他第一个月能拿到多少薪酬，试用期有多长时间，多久调整一次薪酬等。

　　大多数抱有这种想法的员工很快就会选择离职，有的是因为能力欠缺、工作不努力，有的则是因为薪酬太低、福利待遇太差、调整薪酬的周期太长等。不过，这里必须承认的是，这样的事情现在变得越来越多。张明自己也在反思，于是便在之后的面试环节中加以注意，尽量重视那些关心职位和企业的求职者，久而久之，员工流动性就有了较大幅度的降低，企业也获得了更好的发展。

　　从某种意义上来讲，补偿薪酬首先考虑的是员工追求效用最大化，而并不是员工追求收入最大化。那么为什么会出现这种情况呢？主要有以下三个原因，如图 4-3 所示。

隐性激励的目的　　防止成本无谓增加　　保障企业运作的流
畅性和持续性

图 4-3　企业考虑员工追求效用最大化的原因

1. 隐性激励的目的

　　从目的角度来看，补偿薪酬与基本薪酬有很大不同。其中，补偿薪酬是从补偿出发，达成激励的目的，从而促进企业的预期目标能够顺利实现。例如，加班是为了应对突然增加的业务，山区津贴是为了保证员工能在艰苦的环境和条件下坚持工作，推动企业业务的正常开展，从而进一步拓展企业的市场份额。基于此，如果员工的心思不在效用而在收入上，那么补偿薪酬的初始目的就难以达到。

2. 防止成本无谓增加

　　以给予员工补贴为例，如果员工只把补贴当作一种福利而没有以实际的工作成果予以回应，那么补贴只会让企业增加额外的成本。同样，如果员工在加班的过程中不认真工作，只是应付了事，那么支出的这部分加班费也会让企业的成本大幅度增加。

3. 保障企业运作的流畅性和持续性

对于企业而言，无论是让员工加班，还是让员工在艰苦的条件和环境下工作，都是比较特殊或迫切的需求，目的就是促使员工保证各个环节的正常运作。然而，一旦企业员工的流失率过高，就很可能会出现各种各样的问题，例如，业务无法如期完成、战略推进受到阻碍等。

4.2.2　员工的流动性

如果在同一家企业，一份工作的内容和强度都是一样的，但是工作地点和条件则有很大不同，即一个条件较差，一个条件非常好，那么对于员工而言，如果拿到的薪酬没有差别，心里就会觉得有失公平。长此以往，在较差环境下工作的员工就会以消极怠工或者主动离职的方式对企业进行回应。

王鹏在一家建筑企业担任施工员，入职已经有两年多的时间，他经常会向自己的家人和朋友抱怨自己在工作上的不满，例如，"整天待在一个前不着村后不着店的地方""这里的潮湿气候真的让人受不了"等。

实际上，该建筑企业虽然将总部安排在北方，但工程却遍布在全国的多个重要城市，而王鹏则被分配到一个非常偏僻的南方小城市，这里不仅经常要遭受皮肤病的折磨，而且在待遇上也和那些在大城市工作的员工没有差别，最终他选择了辞职。

还有一种情况是无差别不理想的工作条件与工作任务。例如，很多人都羡慕公务员，因为公务员的工作不仅非常轻松，待遇好，而且休假也比较多。那么与之相对应的就是非常繁重，待遇差，而且休假也比较少的工作。相比而言，后者的员工流动性更大。

目前，在当下的市场环境中，很多刚刚步入社会的年轻员工都追求自由，也希望在自己还有精力的时候进行更多的尝试。因此，当他们觉得工作不理想、不顺心之后，就会在第一时间选择跳槽，从而导致企业面临着员工流动性大的问题。

很多人力资源从业人员都认为现在的工作特别不好做。一方面，很难为企业招聘到合适的员工，进而导致自己无法拿到绩效奖金；另一方面，即使招聘到员工，也不容易阻止和避免他们频繁跳槽。尤其是，如果大多数员工都选择在同一个时间段跳槽，那么人力资源从业人员更是会受到较大影响，严重的话还会受到上级的批评。

对员工频繁跳槽的原因进行分析，其实就可以发现出现这种情况不外乎是因为以下几点：工作条件太差、工作环境太艰苦、企业所处位置过于偏远、办公氛围不够和谐、员工关系处理不好、经常加班、薪酬太低等。

员工频繁跳槽在当前的职场中是比较普遍的，因此要想保证企业的正常运作，就少不了稳定的员工及足够的工作投入。所以，对于企业而言，面对这种情况，必须制定出相应的对策，而为员工支付补偿薪酬似乎就是非常不错的一个方案，毕竟该类薪酬可以在很大程度上降低员工的流动性。具体可以从以下三个方面进行详细说明，如图 4-4 所示。

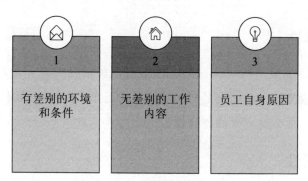

图 4-4　员工流动的主要原因

在员工做同一份工作，但面临的环境和条件有优劣差别的时候，要对处在较差环境和条件中的员工给予相应的补偿。例如，瑞友教育为在郊区工作的教师提供免费住宿。

还有与工作内容有关的原因，例如，唯品会在 2018 年进行春季招聘的时候，招聘了一批本科生作为管理培训人员，考虑到这份工作可能无法保证正常双休，而且还会有加班，于是便在基本薪酬的基础上特别追加了一些补偿薪酬，以此提高针对其他同类企业的外部竞争性。

最后是员工自身原因，如果员工家庭条件比较不好，生活非常拮据的话，企业可以适当地为其提供一些贫困补贴。

📖 4.2.3　员工熟悉工作特征信息

要掌握本小节的内容，首先要理解工作特征这一概念，其次要明白员工熟悉工作特征信息在补偿薪酬中的双向意义。通常情况下，刚刚入职的员工相互之间难免会提问，例如，你的工作有意义吗？有什么样的意义？从某种程度上来讲，这些问题就可以用工作特征回答。那么，到底什么是工作特征呢？可以从以下五个方面进行说明，如图 4-5 所示。

图 4-5　工作特征

1. 趣味性

一份工作如果是日复一日的机械重复，如审核文章、生产产品等，那么肯定会比较枯燥。而如果是充满了惊喜的工作，如外出采编、文艺创作、采访名人等，那么就会充满趣味性。

2. 重要性

工作的重要程度往往是员工价值的充分体现，同时也是员工交际时的重要资本。例如，在培训机构工作的员工也许会认为自己帮助学生提高了学习成绩，其中一些学生因此进入了重点高中，或者考上了知名大学，于是深刻感受到自己工作的重要性。

3. 学习和成长机会

在谈论学习和成长机会的时候，依然以教育机构为例。在教育机构中，有些教师通过自己的努力和勤奋而变得博学多识，那么对于他们来说，工作就是促进学习和成长的"秘密武器"。然而，有些教师则始终做着那些用已经习得的技能便可以胜任的工作，就这样日复一日年复一年，很难有学习和成长的机会。

4. 反馈和奖励

有些企业可能只会向员工提出极高的要求，员工一出现问题就严厉训斥，很少追问原因，也很少对员工进行激励。而有的企业则完全相反，不仅会及时了解员工的动态和情绪，而且还会对员工的优秀表现和平时的进步提出表扬和奖励。

5. 晋升机会

一般来说，从入职的第一天开始，每个员工都会渴望能够快速从较低的职位升入较高的职位。但是，如果企业的晋升机会比较少，员工难免会感到失落。以学而思为例，因为它是一家短时间内迅速发展起来的教育机构，而且管理层基本上都是"80 后"和"90 后"，所以，对于新员工来说，晋升机会就相对少一些。当然，从另一个角度来看，随着企业的迅速发展及市场份额的不断扩大，肯定会在新的市场中产生出更多的管理职位。

企业可以从以下几个角度来明确员工是否熟悉工作特征，来进行补偿薪酬的公证制定。

为什么员工熟悉这些工作特征信息会是企业支付补偿薪酬的前提条件呢？因为有一部分员工每天浑浑噩噩，根本不考虑工作内容及薪酬之外的其他因素。对于这样一部分员工，管理者比较容易应对。

而熟悉工作特征信息的那些员工，通常会考虑到与工作相关的方方面面，并在此基础上分析工作是不是有足够的价值。在这种情况下，如果没有额外的补偿薪酬，那么企业将很难吸引和留住他们。

另外，薪酬管理落在员工身上的表现可以归结为几个环节，分别是吸引员工、留住员工、培育员工、发展员工。对于一般员工而言，补偿薪酬所发挥的作用只是停留在"吸引"和"留住"这两个环节上，而对企业最重要的后两个环节却没有作用。那么这也就意味着某种程度上的补偿失效。而对于那些熟悉工作特征信息的员工而言，补偿薪酬则可以表现出掷地有声的作用，会使得他们在与企业的相互理解中实现自己的成长和发展。

📖 4.2.4　案例：腾讯的薪酬管理

腾讯是一家非常具有代表性的互联网企业，在薪酬管理方面也颇有建树。据相关数据显示，腾讯员工的平均年薪达到了 60 万元，已经可以与华为相媲美。不仅如此，腾讯的薪酬管理也体现出了很多特点，其中最突出的应该是以下 3 个：

（1）富有竞争性的基本薪酬；

（2）体现公平的绩效奖金；

（3）极具多样化的补偿薪酬。

实际上，如果对上述 3 个特点进行深入分析的话，便可以发现，这些特点都和薪酬结构有着千丝万缕的联系。也就是说，要想充分了解腾讯的薪酬管理，把握其薪酬结构就成了一件非常必要的事情。那么，腾讯的薪酬结构究竟是怎样的呢？其主要包括以下十个部分，如图 4-6 所示。

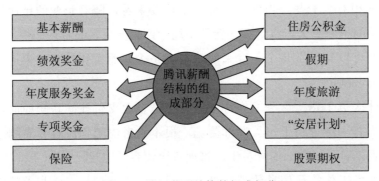

图 4-6　腾讯薪酬结构的组成部分

1. 基本薪酬

腾讯是根据员工所处的岗位为其提供富有竞争性的基本薪酬。不仅如此，腾讯还会定期调查市场上的薪酬情况，并在此基础上为员工调整基本薪酬。

2. 绩效奖金

年度考核结束以后，腾讯会根据自身的盈利情况及员工的绩效表现发放绩效奖金。通常情况下，绩效奖金与员工的绩效表现及贡献大小挂钩，因此，这可以在很大程度上体现客观和公平。更重要的是，还可以体现出"与员工同成长、共分享"的企业文化。

3. 年度服务奖金

为了对员工一年的工作贡献表示感谢，腾讯会根据员工当年的工作情况，为其发放年度服务奖金。基本形式是年底双薪，即每年的最后一个月可以拿到双倍薪酬。

4. 专项奖金

腾讯为每一位员工都提供了成为"明星"的机会。具体来说，为了让那些有杰出贡献的员工可以得到应有的回报，腾讯专门设计了一些专项奖金，如"星级员工奖金""突出贡献奖金"等。通常情况下，专项奖金的形式一共有两种，分别为精神鼓舞和实物激励。另外，值得一提的是，自从有了专项奖金以后，普通员工可以充分感受到"星级员工"的闪光点，进而推动自身的进步和成长。

5. 保险

腾讯为员工提供所有的法定保险，例如，养老保险、医疗保险、工伤保险、失业保险、生育保险等。除了法定保险以外，腾讯还准备了团体商业补充医疗保险、意外伤害保险、重大疾病保险、定期人寿保险等额外的保险，其主要目的就是有效解除员工基本生活的后顾之忧。

6. 住房公积金

在设计薪酬结构的时候，腾讯一直秉承着"员工即为企业"的原则，致力于为员工提供更加合理的薪酬结构。基于此，腾讯会帮助员工缴纳住房公积金，以便让员工可以对自己的住房进行购买、建造、翻建、大修等行为。

7. 假期

假期方面，腾讯会为员工提供相应的法定假期，例如，双休、带薪年假、带薪病假、婚假、丧假、产假、陪产假、哺乳假、年休假等。此外，如果员工符合休假条件的话，还可以获得额外的休假，例如，年休假、事假、流产假、派驻假、未出勤假、调休假等。

8. 年度旅游

为了增强凝聚力、提升整体气氛、推动和谐自由、平衡工作与生活，腾讯将年度旅游纳入到薪酬结构当中。从现阶段而言，腾讯的年度旅游形式是以部门为单位的集体旅游。在进行年度旅游的过程中，每一位员工都可以充分地放松自己。

9. "安居计划"

对于腾讯来说，员工无疑是最珍贵的财富。因此，为了帮助员工早日完成安居乐业的梦想，腾讯推出了"安居计划"。该计划的主要内容是为符合条件的员工提供第一套住房首付款的无息贷款，从而使员工尽快购买到自己的住房。

10. 股票期权

腾讯为绩效表现持续优秀，并且希望能够长期在企业发展的员工提供股票期权，此举的主要目的就是通过分享企业股票，实现员工个人利益与企业长远利益的完美结合，进而留住更多的优秀员工。

通过腾讯的薪酬管理不难看出，薪酬结构的组成十分多样。与此同时，补偿薪酬的形式也可以不断拓宽，例如保险、年度旅游、"安居计划"等。所以，企业在设计补偿薪酬的时候，不要只局限于加班、津贴等传统形式，必要的时候还是要坚持创新，不过一切的创新都要以企业实际情况为前提。

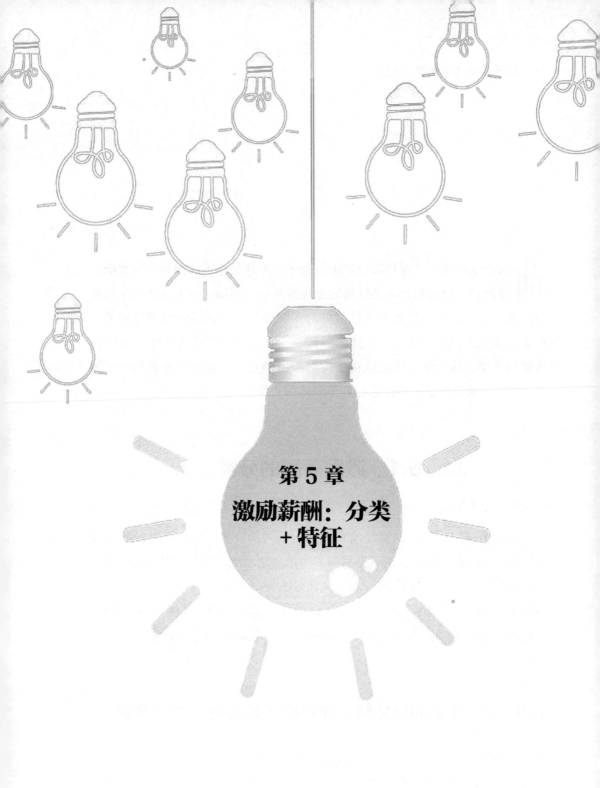

第 5 章

激励薪酬：分类 + 特征

前面的章节介绍了两种比较常用的薪酬，分别是基本薪酬和补偿薪酬，这两种薪酬的划分都是以目的差异为基础。例如，基本薪酬的主要目的是保障员工的基本生活及维持岗位的正常运行，而补偿薪酬则是对员工在非正常工作时间工作、工作地区偏远、工作条件艰苦或者工作有风险而作出的补偿。这一章把重心放在主要出于激励员工考虑的一种薪酬——激励薪酬，并就其分类和特征进行具体细致的介绍。

·········· 5.1　激励薪酬的分类 ··········

按照不同的标准可以将激励薪酬分为不同的类型。例如，以时间期限为标准，可以将其分为长期激励薪酬和短期激励薪酬；以激励对象为标准，则可以将其分为个人激励薪酬和团队激励薪酬。不仅如此，在每一种激励薪酬下，又包括不同的激励方式。例如，在个人激励薪酬下，就包括计件制、计时制及绩效奖励；而在团队激励薪酬下，则包括利润分享计划和斯坎隆计划。

5.1.1　个人激励薪酬：计件制＋计时制＋绩效奖励

个人激励薪酬是企业为了让激励更有针对性，依据员工个体的表现而给出的奖励，比较常用的方法有三个，分别为计件制、计时制和绩效奖励。前面在讲到基本薪酬的支付形式时，已经介绍了计件薪酬和计时薪酬，不过，这里的计件制和计时制与它们有着较为明显的区别。计件薪酬和计时薪酬的主要目的是保障员工的基本生活和维持岗位的正常运作，而计件制和计时制的目的则是推动激励作用的有效发挥，所以，它们在具体的操作上有很大的差异。

（1）计件制。这里以某家保险企业为例，该企业的员工每做成一单就可以提取 2% 作为收益，要是完成了每月的基本订单额度，那么每增加一单就可以提取 4% 作为收益。这也就表示，员工完成了某一阶梯的基本订单额度，每做成一单，收益的百分比就会有所增加。这种阶梯式的计件制激励薪酬，比起计件薪酬，显然更能激励员工想方设法为企业创造更多的业绩。

（2）计时制。与基本薪酬中的计时薪酬相比，用于激励的计时制所需要的时间更长。因为通常情况下，计时薪酬是按照员工的工作时间来支付薪酬，与员工工作效率的相关性比较弱，所以，它很难甚至无法起到激励员工的作用。而计时制则是根据员工在企业工作年限的长短额外给予的薪酬奖励，并且不同的企业会有不同的实施策略。

例如，阿里巴巴这样的大企业，为了把员工留在本部，同时也为了激发员工的积极性，就采取了阶梯股权分配制度，即工作年限足够长的员工都可以获得购买股权的机会。还有的企业为了让员工更及时地感受到激励薪酬的真正意义，特意把周期缩短，并将现金作为支付方式。例如，学而思、瑞友、新东方等教育机构，员工的工作期限每增加半年，其基本薪酬就会有相应的增加。

（3）绩效奖励。这种类型的激励薪酬是和员工工作效率紧密结合在一起的，即员工的工作效率越高，相应地，获得的薪酬也就越丰厚。绩效奖励和计件制有一定的相似性，但也存在差别。例如，在学而思企业中，教师的绩效考核通常以学生评价和续费率为标准，所以如果 A 教师的教学课时比 B 教师的长，但绩效考核结果却比 B 教师差，那么 A 教师则无法获得最终的绩效奖励，不过，他可以比 B 教师多拿一部分计时制的激励薪酬。

与团队激励薪酬相比，个人激励薪酬在具体实施上更有针对性，会给员工一种"论功行赏"的感觉，尤其对于那些工作努力，并且不断寻求创新和突破的员工来说，这是一种积极肯定，可以推动自己为企业做出更大的贡献，创造更丰厚的收益。另外，激励薪酬通常要发放给绩效考核结果优异的员工，这样就能避免消极怠工、工作效率低下的员工拿到不属于自己的那部分薪酬，可有效防止"搭便车"行为。

不过，对于个人的激励应当适度，因为企业内部如果过分强调激励的话，容易形成比较不好的竞争关系，导致员工之间的不和谐和不配合。更为严重的是，还会引起不同部门之间的推诿、倾轧，从而使部门的绩效目标脱离企业的整体战略目标，出现部门绩效提高，但企业整体绩效下滑的现象。

🈺 5.1.2　团队激励薪酬：利润分享计划＋斯坎隆计划

团队激励薪酬和个人激励薪酬不同，因为个人激励薪酬与员工的绩效表现紧密相关，而团队激励薪酬则与企业的整体经营情况挂钩。也就是说，如果企业整体经营情况非常良好，获得了较为丰厚的收益，那么即便有个别员工工作效率比较低下，也仍然可以获得团队激励薪酬。下面就通过几个具体的案例来看看这种激励薪酬。

（1）利润分享计划。其实，在前面已经介绍过沃尔玛的利润分享计划。具体来说，在利润分享计划下，企业会向那些入职已满一年，而且每年的工作时间不低于 1 000 小时的员工提供额外福利。与此同时，薪酬管理者也会根据企业的整体经营情况，按照员工薪酬总额的百分比进行提留，通常为 6%。

据相关数据显示，一位员工在某企业工作 20 年后，获得的团队激励薪酬总额可以超过 10 万美金，收益可谓是十分可观。此外，百度也在 2015—2017 年采取过利润分享计划，主要就是根据各岗位承担责任的大小来确定最后的金额。

（2）斯坎隆计划。与利润分享计划相类似的还有斯坎隆计划，该计划是由美国的钢铁企业提出来的，最初的目的是提高劳动生产效率。斯坎隆计划主要由两个部分构成：一是员工参与，二是平等报偿。其中，员工参与的实施程序是在每个部门设立生产委员会，员工可以提供改进生产的建议，然后再由委员会将这些建议中无法独立解决的部分转交给更高一级的甄选委员会。如果哪位员工的建议被采纳，那么他就会得到奖励。通过这种员工参与决策和管理的方式，企业可以极大地激发员工的才智和积极性。

还有一部分是平等报偿。企业在计算出相应的成本费用和产品销售额以后，如果发现产品销售额超过之前已经定好的目标，那么就会按照薪酬的百分比为员工发放奖金，而且不会考虑员工的个人工作效率。

最后需要说明的是，与其他类型的激励薪酬相同，团队激励薪酬也有相应的优点和缺点，如图 5-1 所示。

图 5-1　团队激励薪酬的优点和缺点

团队激励薪酬有利于保证企业内部公平，为员工之间的团结协作提供契机。因为有些员工可能个人工作能力并不突出，但是在协作能力、组织能力及建言献策方面比较擅长，那么这种激励薪酬就容易激发他们的工作热情，提高他们的积极性。

此外，那些原本能够获得绩效奖励的员工此时依然能够获得，所以，这部分员工的工作热情和积极性也不会减退。而且在这样一个公平的氛围中，很容易激发员工的协作意识和团结精神，从而实现 1 加 1 大于 2 的效果。

不过，团队激励薪酬也有弊端。首先就是容易滋生"搭便车"行为，因为只要整体的效益提高，所有员工就可以获得奖励，在这种情况下，难免会有一部分员工不努力而坐享其成。其次就是参与成本高，让员工参与决策和管理，确实能有效地激发他们的创造力和聪明才智，不过，这在执行过程中需要花费大量的时间成本，而且员工所提建议是否有价值也是一个未知数。

🔲 5.1.3　短期激励薪酬：绩效工资、盈利分享

短期激励不是针对激励效果来说的，而是指与某个项目或者某个受时间约束的目标相联系的薪酬。该种激励薪酬的方式比较多样，主要包括奖

金、绩效工资、盈利分享等。其中，奖金是比较灵活、周期也比较短的一个，企业能够根据需要随时随地采用。

张平是一家互联网企业的程序员，有一段时间微信小程序上的游戏特别受欢迎，所以，他的上司要求他做一款微信小游戏，规定就是虽然不知道什么类型，不知道要面对哪些群体，但是必须要具有很强的吸引力，完成时间是两周。并且张平的上司还承诺，如果他能按时完成的话，就可以得到2万元的奖金。于是，张平就开始卖力地工作，花费了很多的精力和时间，最终提前把目标完成，顺利拿到了那2万元的奖金。

李明在上大学的时候，经常到学校附近的一家火锅店吃饭，久而久之，他就和店里的服务员成为了朋友。一次他吃完火锅在那里坐着的时候，一个和他非常熟的服务员比较着急把他叫到一边说，火锅店的生意非常火爆，但是位置有限，所以，管理者就提出一个方案，如果有哪个服务员能保证顾客在两个小时内吃完而且还会成为回头客就记录下来，月底根据记录下来的数据计算并发放绩效工资。这就是比较典型的针对个人发放的短期激励薪酬。

绩效工资除了针对个人发放，还针对团队发放。这里以软件开发企业为例，通常来说，大多数软件企业都会有自己的团队，团队接到一个开发项目，按期完成，正式交付后获得报酬，这是最常见的工作流程。不过有的时候，企业会同时接到很多个开发项目，如果放弃几个的话，有些舍不得；如果都接下来，团队很可能应付不下来。在这种情况下，团队管理者往往会采取绩效奖励的方式，为整个团队带去激励，最终实现双赢。

盈利分享是企业定期地把自己的盈利与员工分享，这是收益分享中的一种，不过这种分享的周期要更短，通常以现金的形式支付，而且前提是分享企业盈利等直接收益，而非分享降低成本等间接收益。

短期激励薪酬往往适用于发展速度较快但规模不是特别大的企业，例如，很早之前，小米就采取过这种激励薪酬。通常而言，短期激励薪酬具有比较明显的特征，如图5-2所示。

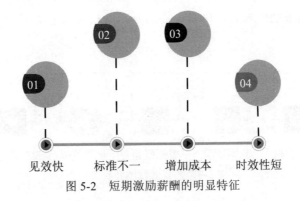

图 5-2　短期激励薪酬的明显特征

短期激励薪酬的效果往往比较快速，和病急用猛药相同。因为员工明白自己的努力能及时得到回报，所以就会更加卖力地工作，促进工作效率的提高。但这种激励薪酬的弊端也有很多，首先就是标准不一，尤其是奖金，无论是给哪些员工发放，还是什么时候发放，抑或是发放的具体金额是多少，都是非常主观的。另外，既然没有统一的标准，在实际操作的过程中就很容易会出现公平问题。

其次就是增加成本。以盈利分享为例，如果企业每个月都执行的话，那么这将会是一笔非常大的投入。

最后就是时效性短。例如，假设第一个月正常执行激励薪酬但第二个月就不再执行，那么员工的工作效率还能维持在第一个月的水平上吗？肯定很难。因此，企业在选择短期激励薪酬之前，一定要仔细分析其优点和缺点。

🕐 5.1.4　长期激励薪酬：股权激励

前面已经说过，短期激励薪酬往往适用于发展速度较快但规模不是特别大的企业。那么为什么会出现这种情况呢？主要就是由于短期激励薪酬中的某些组成部分（奖金、盈利共享等），在规模比较大的企业里比较难以操作，而且成本会更高。

此外，大企业比较重视规章制度，小企业的管理要更加自由，而短期激励薪酬则比较适合管理相对自由的环境。所以，许多规模较大的企业为了减少成本支出，凸显企业制度的规范性，充分发挥激励机制的长效作用，都会采用股权激励的方式。值得一提的是，股权激励的类型是非常多样的，如图 5-3 所示。

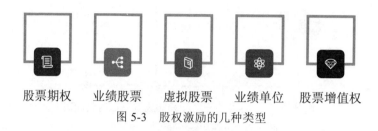

股票期权　　业绩股票　　虚拟股票　　业绩单位　　股票增值权

图 5-3　股权激励的几种类型

1. 股票期权

股票期权中，"期"指的是时间期限，"权"指的是权利，所以，股票期权指的就是在一定期限内将股票买入和卖出的交易权利。通常情况下，股票期权是企业为那些优秀员工或者高层管理人员提供的长期激励薪酬。首先约定好一个时间期限，然后在这个期限内，符合条件的优秀员工或者高层管理人员就可以自由买入和卖出一定额度的股票，而股票的差价则可以直接作为自己的收益。

2. 业绩股票

在股权激励的业绩股票下，企业会和员工达成书面约定，并以企业的净资产收益率为衡量标准，如果达到这个标准，员工就可以根据书面约定上的条款得到一定数额的股票。除了有数量限制以外，业绩股票还有变现时间方面的限制。具体来说，有资格得到业绩股票的员工，需要若干年时间的考核，如果在这个过程中没有通过考核，或者是对企业的利益和正常经营造成严重影响，那么得到的业绩股票就会失效。

3. 虚拟股票

虚拟股票指的是企业授予一部分员工的奖励股票，对于这种股票，员工既不能转让和出售，也没有所有权和表决权，而且员工离职后还会自动失效。在操作程序上，虚拟股票和股票期权没有太大差别，同样是员工和企业需要事先达成一个书面约定，约定好股票的数额、兑现的时间及兑现的条件。

不过，这里必须注意的是，虚拟股票不能转让，只能在约定的时间到来后兑换成现金。

4. 业绩单位

还有一种是业绩单位，这种股权激励虽然听起来和业绩股票非常相似，但其实有比较大的差别。在业绩股票中，如果兑现时股票有所升值的话，那么员工的薪酬就以兑现时的股票市值为准。而在业绩单位中，员工的薪酬则以考核时约定的股票市值为准，即使兑现时股票出现大幅度升值，那么也要按照当初的市值进行计算和发放。

5. 股票增值权

最后一种是股票增值权。股票增值权和虚拟股票类似，员工不具有股票的所有权和转让权，而是只能在约定的时间内获得一定数额的股票增值后的收益。不过，在兑现方式上，员工既可以选择全额兑现，也可以选择部分兑现。而在兑现形式上，既可以是现金，也可以是实际股票，或者还可以将二者混合。一般来说，股票增值权比较适用于那些没有股权分配的封闭企业，或者是股票数额不足及担心股权稀释过大的企业。

:::::::::: 5.2　激励薪酬的特征 ::::::::::

激励薪酬的目的是有效激励员工，促使其工作效率得到大幅度提高，从而更快地实现企业预设的目标。在这种目的的影响下，激励薪酬难免会有比较明显的目的倾向性。与此同时，激励薪酬的种类和形式也非常多样。例如，奖金、绩效工资、股权激励等。

在操作程序上，上述任何一种都可以表现出自身的优势，基于此，激励薪酬就形成了很多不同的特征。例如，一次性付给、充分的可变性和灵活性等。下面对这些特征进行更为详细具体的介绍。

📖5.2.1　针对预定绩效目标进行激励

小时候，我们在去学校之前，父母总是会买东西给我们，并嘱咐我们要好好学习；后来，我们可以在电视上看到，国家对好人好事进行精神性激励或者物质性激励；参加工作后，我们则可以明显地感受到企业对员工在各个方面的激励。实际上，无论什么时候，在什么样的情境下，这些激励都有一个共通点，即带有特定的目的性。

从某种意义上来讲，激励就像是运载火箭的助推器，其主要作用是让火箭以最快的速度到达目的地。然而，如果中途方向出错的话，火箭速度越快，距离目的地也会越远。相应地，对于激励薪酬而言，要想发挥准确有效的作用，那么最关键的就是要有预定的绩效目标。

例如，学而思提出这样的激励举措：只要是三个月之后续费率依然保持在80%的教师，都可以获得一定额度的加薪；海尔提出只要生产出质量足够上乘的冰箱，那么生产者就可以获得一定额度的质量奖金。

由此来看，无论是学而思的续费率，还是海尔的冰箱质量保证，其实都属于执行激励薪酬时确定的绩效目标。与此同时，员工努力优化绩效表现，主要目的也是实现绩效目标。不过，有些人的心里也许会存在一个疑问，那就是既然激励需要绩效目标的指导，而绩效目标又并不是天然存在的，那么在制定时具体应该怎样做呢？

显然，企业是一个有机的整体，而部门要服务于这个整体，所以各部门及企业的绩效目标都必须与企业同期的战略目标相适应。例如，海尔在成立初期，战略目标是提升产品质量，所以，绩效目标的重心也放在了产品质量上。

然而，一些用于激励的绩效目标往往脱离企业战略目标。例如，在重点提升销售数量的阶段激励创新，在着力加强创新的阶段激励工作效率等。当然，这些做法也许可以取得比较不错的结果，但与企业的战略目标并不相符，而且很容易为企业增加成本负担，进而影响企业的长远发展。

总的来说，对于企业而言，针对预定绩效目标进行激励有很多优势，如图5-4所示。

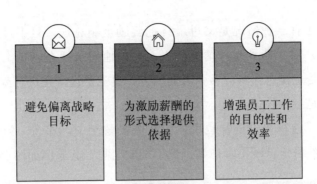

图 5-4　针对预定绩效目标进行激励的优势

　　首先就是避免各部门的工作方向偏离企业的战略目标，从而进一步推动战略目标的尽快实现。其次就是能够为激励薪酬的形式选择提供依据。例如，哪种情况下更适合采用奖金激励，哪种情况下更适合采用股权激励等。最后就是有助于提高员工工作的目的性和效率，使其更有计划地迅速完成工作。因为绩效目标一旦确定，就成为一个不可更改的事实，而员工为了完成这个事实，顺利拿到最终的奖励，需要时刻以绩效目标为导向对自己的行为进行规划。在这种情况下，员工就可以稳定且有效地实现这一绩效目标。

5.2.2　一次性付给

　　当我们还是小学生的时候，可能有过这样的经历：父母允诺我们说，如果这次期末考试比上次有进步，就可以获得 200 元的奖励。可是在我们完成目标然后去向父母要求兑现奖励的时候，得到的回应往往是：年纪太小，拿这么多钱容易丢，所以先给 20 元，剩下的部分则再也没有被提起过。

　　在上述情况下，我们的心情会非常沮丧，也会对父母感到失望。而且他们以后再以这样的方式进行激励，我们更是会感到十足的怀疑和不信任。不过，很多人应该有相反的经验，那就是父母的允诺完全兑现，这些人的体验和感觉与上一种情况有着本质上的差异，如果再加上父母的言语鼓励，这些人还会更加努力，因为经验告诉他们，只要努力达到预期的目标，就可以获得全部的奖励。

当然，还有一种情况是父母最终把奖励全额兑现，只不过采用了分期支付的方式。对于遇到这种情况的人而言，他们虽然在感觉上不会有太大的失望，但是也没有那种异常强大的动力。也就是说，在进行激励的时候，最好的方式是一次性付给。

实际上，这种道理同样也可以放在激励薪酬中。那么，为什么激励薪酬需要一次性付给，既不宜拖延，更不能取消呢？其原因如图 5-5 所示。

图 5-5　激励薪酬需要一次性付给的原因

1. 建立信任的需要

首先，信任的建立是以有诺必现为前提的，比如商鞅的城门立柱。一般来说，建立信任的重要性在于它是命令从发出到执行的关键环节，《论语》上说的"信则人任焉"就是这个道理。而一旦信任缺失，这两个关键环节就会分离，那么预期的结果就无法达到。

对于企业来说，要想保证自身能够正常运转，信任是极其重要的。之所以会如此，主要是因为企业是一个小型的陌生人社会，不存在熟人之间的人情基础。这也就意味着，在建立和培育信任上，企业要想取得良好的结果，就必须付出更大的努力。

2. 高激励效果

激励往往都是允诺者和被允诺者事前约定好的，这也就意味着，在支付之前，因为被允诺者就已经知道了具体的数额和期限，所以他们心里会充满期待。而有过期待的人都知道，实现期待所需的时间越长，就越容易倦怠和无聊。

因此，如果到了约定的时间，允诺者还没有实现被允诺者的期待，那么被允诺者就会感到不满和生气，从而使激励的效果大打折扣。如果期待可以在约定时间内实现或者提前实现，那么效果则会好很多。

从激励效果的角度来看，由于激励薪酬要配合企业的战略目标，因此企业对于激励效果的追求往往要比员工更加迫切。在这种情况下，企业就不适合也不能采用分期付给或者延期支付的方式。

3. 激励维持和加成

一般来说，激励并不是一次性的，而是会出现很多次。然而，要保证后面的激励能够维持，甚至取得更好的效果，一次性支付是一种准备手段。小学生在得到激励后会在下一次考试前更加努力地学习，就属于一次性付给所体现出来的激励维持和加成。

在激励的维持和加成上，企业的追求往往要更加迫切。因为一旦激励维持在员工的心里生了根，就会让员工觉得自己的努力有了相应的回报。于是，他们便会在企业中更加努力地工作，为企业创造更加丰厚的利润，这是员工和企业都非常愿意看到的结果。

5.2.3 充分的多样性和灵活性

前面提到的基本薪酬，一般都是比较稳定的，即使发生变化，也是根据经济发展水平和生活消费水平做出适当的调整，而且持续周期也都比较长。当然，这和基本薪酬的特性有很大关系，因为基本薪酬是员工最基本的生活保障，如果经常变化，员工会没有安全感。而激励薪酬则不同，不仅形式更加多样，而且可变性非常强，调整上也十分灵活。

首先在形式上，激励薪酬既可以针对个人发放（如计件制和计时制），也可以针对团体发放（如利润分享计划和斯坎隆计划）；既可以进行短期激励（如绩效工资和盈利分享），也可以进行长期激励（如股权激励）。由此来看，激励薪酬具有多样化的特征，而这一特征也可以让企业根据当时当地的战略目标进行有的放矢的选择。

例如，企业处在稳定发展期，需要一批熟悉各种流程和业务的老员工，那么就非常适合将股权激励作为激励薪酬，以便保证老员工的长久留存；如果企业处在高速发展期，正面临着异常激烈的竞争，需要快速拓展市场，那么这时候就可以将绩效工资、奖金、盈利分享作为激励薪酬。

在运用上，即使是同一种激励薪酬，也可以进行多样的变化和调整。以盈利分享为例，如果第一个月企业管理者与员工约定的具体金额是企业盈利的3%，但是到月底发现激励效果并不明显，那么第二个月就可以调整到5%，如果这时发现激励效果好了很多，那么第三个月就试着调整到4%，要是第二个月和第三个月的激励效果相同或者差别不大的话，那么就可以将比例定为4%。这样的话，不仅可以保证激励效果的最优化，还可以为企业节省一大笔激励薪酬方面的成本。

实际上，激励薪酬之所以能够具有多样性和灵活性，与其自身的设计初衷有很大关系。一般来说，企业的整体目标和经营方向不会经常性地调整，但战术却必须灵活和机动。因为企业处在大的市场环境中，总是会面对无数的竞争对手，如果只有一种战术的话，根本无法顺利应付。而激励薪酬则可以凭借自身的多样性，帮助企业在这个变化多端的时代中站稳脚跟，获得更加长远的发展。

最后，激励薪酬的灵活性可以让企业在实践中不断地做出调整。这样的话，企业就可以找出一种既能节约成本又具备极强激励效果的激励薪酬。更重要的是，企业还可以更好更快地实现既定目标，保证经营方向的正确性。

🈯 5.2.4　员工事先得知支付额

如果我们在做一件事之前就已经知道了最终的结果，那么我们还会去做吗？也许大多数人会回答不会，因为人生的趣味就在于充满未知和变化，如果早就知道了结果，那么还有什么意义，还有什么动力？但是，如果结果是好的，过程中也存在很多变数，而且自己也无法确定是不是会获得这个好结果，那么有很大一部分人可能会选择尝试一下。

可以想象，如果在企业中，凡事都是未知的，员工难免会存在一些犹疑与忧惧。例如，员工正式到一家企业工作以后，心里往往都盘算着这些问题：薪酬结构是怎样的？怎样做才可以获得更加丰厚的薪酬？晋升机制是如何设计的？是不是有足够的上升空间？企业发展前景是不是广阔？

如果上述问题都不能得到明确的答复，那么员工的工作热情和工作积极性肯定会受到很大影响，进而带来员工流失率的大幅度提高。所以，为了避免这种情况发生，企业管理者往往会想办法消除员工心中的犹疑与忧惧。在激励薪酬中，让员工事先得知支付额就是这一方面的具体体现。

一般来说，无论是哪一种激励薪酬，支付额都应该提前告知员工。企业通常会和员工约定好，只要达到某种条件就可以获得一定数额的奖金。当然，除了奖金以外，利润共享的比例也是提前约定好的，股权激励也是如此。

在时间期限上，不仅短期激励薪酬的支付额会提前告知给员工，长期激励薪酬的支付额也会提前告知。例如，格力董事长董明珠就在年会上向全体员工表示，只要员工一直工作到退休，那么就可以在退休后获得一套珠海的房产，这就是一个具有鲜明特征的长期性愿景激励薪酬。总的来说，提前告知支付额的优势，如图 5-6 所示。

图 5-6　提前告知支付额的优势

实际上，前面已经提到，提前告知支付额可以降低员工心中的犹疑与忧惧，从而让他们在企业更加踏实地工作，起到"稳定军心"的作用。除此以外，提前告知支付额还可以帮助企业发展长期员工，降低员工的流失率。

下面还以格力董事长董明珠的允诺（员工可以在退休后获得一套珠海的房产）为例，对于大多数员工而言，在现今房价如此高昂的情况下，能在退休后获得一套珠海的房产，无疑是一个莫大的激励，所以这些员工会选择长期留在格力。而且在维持格力的稳定性方面，这些员工起到了非常重要的作用。同时，提前告知支付额还可以帮助企业加强盈利管理和成本管理，让日常经营变得更加科学合理。

5.2.5 案例: 沃尔玛的激励薪酬

作为一家世界性的连锁企业, 沃尔玛除了知名度非常高以外, 其独具特色的激励薪酬也很有借鉴意义。很早之前, 为了充分提升员工的工作热情和工作积极性, 沃尔玛想出了各种各样的计划和方法, 其中最有效的一条就是激励薪酬的设计。沃尔玛的激励薪酬究竟是怎样设计的呢? 主要可以从以下 4 个方面进行详细说明, 如图 5-7 所示。

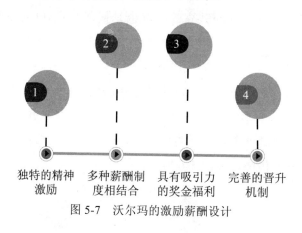

图 5-7　沃尔玛的激励薪酬设计

1. 独特的精神激励

在山姆·沃尔顿 (沃尔玛创始人) 看来, 每一位员工都希望获得认可, 并受到称赞。所以, 在沃尔玛的激励薪酬中, 精神激励占据了一个十分关键的位置。具体而言, 沃尔玛专门创办了一本员工杂志——《沃尔玛世界》, 该杂志的主要内容一共有三项, 分别是: 优秀员工的称赞、利润分成的增长和退休员工的分红。

通过阅读《沃尔玛世界》, 员工们可以回顾历史, 感受到优秀员工的魅力。例如, 在该杂志的一期特刊中记载了这样一个故事: 某位刚刚进入沃尔玛的员工, 因为受到了山姆·沃尔顿的称赞, 工作起来特别有动力, 在服务客户的时候也表现出了十足的耐心和亲切。可以说, 无论对于员工自己还是沃尔玛来说, 这都是非常有益的。

另外, 为了更好地激励员工, 沃尔玛总部及各个商店的橱窗中, 都张贴着优秀员工的照片。与此同时, 各个商店还会安排一些已经退休的老员工,站在商店门口迎接客户，而且经常会有客户请求与这些老员工合影留念。此举不仅发挥了老员工安全员的作用，保证商店的安全，还能让老员工得到非常珍贵的精神慰藉。

2. 多种薪酬制度相结合

为了进一步实现岗员匹配，促进员工自身特点与和工作实际情况高度契合，从而提升激励薪酬的效果，沃尔玛采取了多种薪酬制度，具体如下所述。

（1）固定薪酬制度。根据行业认定的岗位价值核定标准为员工发放固定薪酬，实现"引人""留人"双管齐下，不断充实沃尔玛的人才库。

（2）薪酬＋奖金制度。除了固定薪酬以外，沃尔玛还为员工准备了各种形式的奖金，例如，销售奖金、绩效达成奖金等。

（3）单一奖金制度。薪酬所得只有奖金，没有固定薪酬，薪酬的高低完全由销售情况、绩效表现决定。也就是说，在这种薪酬制度下，员工要想获得高薪酬的话，就必须努力工作，因此这样的激励效果比较突出。

（4）钟点薪酬制度。以工作时数作为决定薪酬的唯一标准，主要用在兼职员工身上。另外，此类薪酬制度也对那些工作时数比较长的员工产生了持续的激励作用。

（5）计件薪酬制度。薪酬＝生产件数×每件薪酬数额，沃尔玛将其用来计算包装员工的薪酬，进而使包装效率和工作质量都有了很大提升。

3. 具有吸引力的奖金福利

奖金与福利是激励薪酬中不可缺少的部分，选择用哪种形式、如何搭配十分重要。在沃尔玛，奖金与福利的形式都是多种多样的，而且搭配得也比较合理，具体如下所述。

（1）固定奖金形式。为了避免员工担心和紧张，沃尔玛采用了固定奖金形式，即按时按量发放年终奖金。

（2）按照盈利发放奖金形式。在沃尔玛，有一部分奖金是要按照当年的盈利情况而决定的。当然，员工的绩效表现、岗位等级也被纳入考虑之列。

（3）依据部门目标达成状况发放奖金。如果部门目标顺利达成，沃尔玛就会为该部门发放奖金，然后再细分到每一位员工身上。如果部门目标没有顺利达成的话，那么就会适当缩减奖金，甚至不会发放。

（4）保险。除了法定保险以外，沃尔玛还为员工提供额外保险，如劳工保险、汽车保险、员工意外保险、企业团体保险等。

（5）补助。为了解决员工的后顾之忧，促使他们努力工作，沃尔玛将补助纳入到激励薪酬中，主要包括子女教育补助、重大疾病补助、生日礼物、购物折扣、紧急贷款等。

（6）休闲。沃尔玛的休闲形式主要包括团建活动、休闲俱乐部会员卡、国内外旅游、员工休闲中心等。

（7）进修。为了提升员工的能力和技术，沃尔玛特意准备了两种进修方式：一种是在职进修，另一种是岗内培训。

4. 完善的晋升机制

与薪酬相同，晋升机制也是激励的一种方法。为了最大限度地激发员工，沃尔玛设计了一套比较完善的晋升机制，主要包括以下 3 点。

（1）科学的晋升渠道。在工作生涯中，员工最关心的就是能否在一家企业中获得升迁发展。因此，为了满足员工的这一关心，沃尔玛制定了科学的晋升渠道，这让员工对自己的职业规划有了更加明确的方向。

（2）客观的晋升标准。为了保证晋升机制的公平性与合理性，沃尔玛制定了客观的晋升标准。具体而言，究竟哪位员工可以晋升，并不取决于管理人员的主观判断，而是取决于业绩表现、努力程度、工作态度等客观因素。

（3）晋升与培训相结合。在挑选晋升员工的过程中，沃尔玛还使培训工作得到了落实。具体来说，员工必须在完成相关培训，再通过测验并合格以后，才可以符合晋升条件。这样的做法让晋升员工的整体素质得到了很大提升。

由此可见，在对员工进行激励的过程中，沃尔玛设计了多样化的激励薪酬，同时也实现了各种激励薪酬的高度协调。这不仅可以充分提升员工的能力和素质，还可以为沃尔玛创造一次又一次的销售高峰，从而提升企业的整体效益。

下篇

如何设计
薪酬体系

第 6 章

薪酬体系设计：
原则 + 策略 + 方
法 +3E 设计

设计薪酬体系需要考虑很多因素，这些因素可以在范围上从小到大进行排列。首先是原则性因素，企业要达到什么样的效果，诸如在市场中具有竞争力、内部员工工作效率高、成本支出低等，或者要避免哪些问题，诸如合法性问题、员工积极性问题、市场竞争性问题等。其次是大致的策略，比如，在市场中如何调整与竞争对手的关系，是领先还是协调抑或是追随？最后是具体的方法，具体到薪酬额度和层级的制定等一系列问题。本章将从这三个方面进行展开，从整体上把握薪酬体系的设计。

:::::::::: 6.1　薪酬体系设计的原则 ::::::::::

薪酬体系的设计是企业薪酬战略的重要一环，也是企业发展战略中非常重要的一环，在实际操作过程中，不仅要考虑企业内部的具体情况，还要考虑外部市场的现实环境。例如，在企业内部，首先要考虑薪酬成本，如果薪酬成本过高的话，不仅效益低下，也会影响企业业务的拓展。其次还要考虑效率和公平。不公平，则效率低；过于公平，效率也会萎缩。

在薪酬水平方面，如果薪酬水平太低的话，很难吸引和留住员工；如果太高，又会增加薪酬成本。其次还要考虑法律法规，因为薪酬设计的条条块块都不可以违法。例如，基本薪酬设计上要考虑地方最低工资标准等。企业应该如何在薪酬体系的设计上解决这些问题，是本节要详细论述的内容。

6.1.1 公平性

公平性是薪酬体系设计的一个重要原则，之所以会如此重要，是因为公平关系到效率，绝对公平会导致效率的低下，而过分不公平也会造成效率的萎缩。因此，这里的公平并不只是指结果公平，其公平性内涵，如图6-1所示。

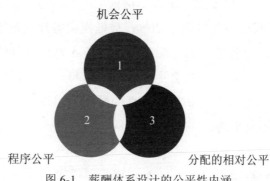

图 6-1　薪酬体系设计的公平性内涵

1. 机会公平

机会公平其实是一种比较理想的公平状态，同时也是一个比较抽象的概念。在企业中，因为薪酬体系的设计不仅要考虑不同薪酬（如基本薪酬、补偿薪酬、绩效薪酬）的比重，还要考虑不同工作的性质，所以，企业要实现公平并不简单。例如，有些工作可以获得非常多的绩效薪酬，而有些工作则不可以，这就会导致结果上的不公平。

另外，从基本薪酬设计来看，企业通常会有很多部门，不同部门同一等级的岗位薪酬也会有所不同。这时，如何在设计中保障相对公平，就成为一个需要重点考虑的问题。要想解决这一问题的话，可以从两个方面入手，第一个方面是注重岗位分析，第二个方面是让员工参与到基本薪酬的设计中来。

2. 程序公平

程序公平其实是过程的公平，这个公平是在机会公平的基础上进行的。具体而言，机会公平体现在设计初衷之中，是出发点；程序公平则体现在执行之中，可以保障机会公平环节的设计得到切实执行。例如，初始设计时将 A 部门 C 岗位的基本薪酬定为 3 000 元，但在执行中却变成了 2 800 元，而另一相对的 D 岗位的薪酬却有所增加，这就是程序不公平。

3. 分配的相对公平

薪酬体系设计的公平性也要求在分配上保证公平。例如，企业 A 允诺与各部门分享年度盈利，在分配结果上，A 部门获得了 20%，B 部门获得了 10%，C 部门获得了 7%。不仅如此，在 A 部门内部，最高岗位等级的员工获得了 5%，中间岗位等级的员工获得了 20%，最低岗位等级的员工获得了 50%。

可以说，无论是各部门的分配结果，还是 A 部门内部的分配结果，都不是非常公平。因此，即使机会上充分考虑了每一个部门和每一位员工，程序上也按初始设计执行，如果在最后的分配上出现了不公平，那整个薪酬体系设计也是不公平的。

6.1.2　竞争性

薪酬体系设计的另一个原则是竞争性，该原则的主要目的是为企业吸引优秀人才，留住忠实员工。通常而言，竞争性的两个维度，如图 6-2 所示。

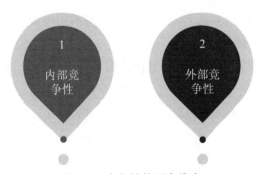

1
内部竞争性

2
外部竞争性

图 6-2　竞争性的两个维度

1. 内部竞争性

企业在设计薪酬体系的时候，不仅需要考虑公平，而且同时也需要适当地进行不公平的设计。正如尼采所说："人类天生就如鸡群中的鹤一样，追求的是超越周围的同类群体。"同样，如果企业所有岗位的薪酬都一致，那么员工就会丧失奋斗的动力。

另外，因为每一个岗位的职责、权力、所耗费的劳动成本都不同，每一位员工的能力和自我价值也不同，所以，在设计薪酬的时候必须要体现差异性。例如，假设 A 员工每月为企业创收 5 万元，B 员工每月为企业创收 1 万元，但两人的薪酬完全相同，久而久之，肯定会打击 A 员工的积极性。这也就意味着，为了有效激励员工，并保证工作效率，企业需要对薪酬进行科学的层级划分。

2. 外部竞争性

因为所有企业都处在自由竞争的市场环境中，所以，企业不仅要考虑薪酬是否能在内部激励员工，还要考虑与竞争对手的薪酬水平相比是否具有竞争力。例如，同样是互联网企业的基础程序员岗位，A 企业的基本薪酬是 6 000 元，而 B 企业的基本薪酬则是 5 500 元。那么对于基础程序员而言，显然 A 企业提供的薪酬更具有吸引力。在市场竞争中，B 企业无论是在吸引人才还是留住员工方面，都缺乏有效的竞争力。

6.1.3　激励性

对于企业而言，要在激烈的竞争环境中生存和发展，就要不断地提升员工的积极性和主动性，从而保证经营效益。因此，在进行薪酬体系的设计时，必须要充分考虑激励作用。那么在实际操作的过程中，要想保证激励作用的有效发挥，应该考虑哪些因素呢？薪酬设计的激励性原则需要考虑的因素，如图 6-3 所示。

图 6-3　薪酬设计的激励性原则需要考虑的因素

1. 激励的产生根源

不平等是激励员工努力的根源，而这种不平等可以通过努力改变则是员工努力的动力。对于前者而言，要发挥薪酬的激励作用，就要体现差别，所以要根据岗位职责的大小和岗位价值的高低，对薪酬进行基于岗位的划分。对于后者，则要提供给每位员工平等晋升和公平竞争的渠道。

总而言之，在薪酬体系的整体设计上，不仅要考虑岗位，而且还要考虑公平晋升机会。另外，即使是同一个岗位，也要考虑每位员工为企业创造的效益，并给予其相应的激励。例如，将绩效奖金、相关补贴、各种保险等作为基本薪酬的补充。

2. 激励的时效性

激励的时效性是和企业战略目标相符合的。例如，在某个时期，企业任务非常繁重，需要提高效率才可以完成；或者是企业处在高速发展和开拓业务的阶段，需要超高的绩效输出来保证战略的推进速度。

无论是上述哪一种情况，都需要及时有效的激励方式，例如，高额奖金、短期绩效奖金等。当然，如果企业处于稳定发展的阶段，关注的是高效益及一般水平的业务增长，那么就可以采用长期的激励方式，例如效益分红、股票期权等。

3. 激励的成本

要想实现薪酬体系设计的激励性，就少不了激励性薪酬的帮助。简单来说，激励性薪酬是基本薪酬的补充，其投入是否有效，要看最终的产出效益。如果产出效益比较低的话，激励薪酬的投入就是无效的；反之亦然。

这也就表示，在设计激励性薪酬的时候，必须要做好投入和效益产出的分析，同时还要在实践中不断调整。只有这样，才可以达到用较低投入实现较高效益产出的目的，进而保证激励性的充分体现。

6.1.4 经济性

用较低的成本获得较高的效益是每个企业的追求，也是一种非常理想的状态。但是，对于很多企业而言，这又是一个比较麻烦的问题。而要想解决这个问题的话，就要保证薪酬体系的经济性。那么，究竟应该如何保证薪酬体系的经济性呢？需要从以下 3 个方面着手，如图 6-4 所示。

纠正错误观念　　　分析投入与产出　　　了解企业类型

图 6-4　薪酬体系的经济性

1. 纠正错误观念

前面已经提到，薪酬体系的设计要重视竞争性。对此，一个比较普遍的观念就是高薪酬就是高竞争力。例如，在外部竞争上，同样的岗位，如果薪酬水平更高，那么就容易吸引人才。

但必须承认的是，这不过是走完了第一步，之后员工的工作效果如何，能不能为企业带来预期的创收，其实是更大的问题。因此，在设计薪酬体系时，除了要做好市场调查以保证薪酬具有竞争性，还要考虑精神薪酬的制定，例如广阔的上升空间、良好的工作环境、完美的企业文化等。

2. 分析投入与产出

分析投入与产出是保证薪酬体系经济性的一个必要环节。如果实际产出并没有达到预期的目标，就需要对薪酬体系进行相应的调整。此外，在激励薪酬的应用中，应该事先约定好具体数额，并保证这一数额在最终的投入产出中占有合理比重。

3. 了解企业类型

由于每一家企业的业务都不相同，因此所属的类型也不相同。其中，有一些是知识型企业，例如，硅谷、中关村这些地方聚集的企业。对于这类企业而言，高素质人才几乎是促进自身发展的全部动力，为了吸引和留住他们，企业必须要舍得出高薪酬。

还有一些是劳动密集型企业，例如，快递企业、食品生产企业等。这种类型的企业往往拥有大量的员工，薪酬成本动辄数以亿计，因此，在设计薪酬体系的时候，不仅要关注竞争对手的薪酬水平，而且还要适当地降低薪酬。

6.1.5 合法性

在薪酬体系设计当中，最容易被忽略的原则就是合法性。通常情况下，使薪酬体系体现合法性的注意要点，如图 6-5 所示。

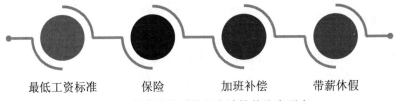

最低工资标准　　　保险　　　加班补偿　　　带薪休假

图 6-5　使薪酬体系体现合法性的注意要点

1. 最低工资标准

最低工资标准是国家为了保护劳动者的基本生活，要求企业在员工提供正常劳动的情况下必须为其支付不低于这一标准的工资。一般来说，最低工资采取两种形式：一种是月最低工资标准，另一种是小时最低工资标准。前者适用于全日制员工，后者则适用于非全日制员工。任何企业在进行薪酬的发放和管理时，都必须了解当地最低工资标准的具体情况，严格按照《劳动法》中的相关规定执行这一标准，否则将会受到法律的制裁。

2. 保险

国家法律规定了企业必须为员工承担的五种保险，包括养老保险、医疗保险、失业保险、工伤保险和生育保险。其中，养老保险、医疗保险、失业保险由企业和员工共同承担，而工伤保险、生育保险则完全由企业承担。在承担比例上，养老保险企业承担 20%，员工承担 8%；失业保险企业承担 2%，员工承担 1%；医疗保险企业承担 6%，员工承担 2%；工伤保险的 0.8% 和生育保险的 1% 完全由企业承担。

3. 加班费

加班是员工在规定的工作时间外付出的劳动，因此，为了保障员工的利益，企业要以加班费的形式对员工进行补偿。一般来说，加班费在数额的确定上一共有两个标准，分别为工资基数和加班时间。其中，工资基数指在正常情况下一位员工一个月的工资数额（这里不包括奖金），然后根据这一数额，计算出小时工资或日工资。一般加班时间是周一至周五，加班费为工资基数的 150%；特殊加班时间为周六和周日，加班费为工资基数的 200%；法定节假日加班，加班费为工资基数的 300%。企业要根据员工加班的实际情况计算加班费。

4. 带薪休假

带薪休假也是保护劳动者权益的一种重要形式，是对劳动者的一种工作补偿。带薪休假的种类主要有两种：一种是法定节假日（如劳动节、中秋节、国庆节等），另一种是按工作时间计算的带薪年休假日期（按照我国现在的司法解释，员工连续工作满 12 个月以上的，享受带薪年休假。员工累计工作满 1 年不满 10 年的，年休假 5 天；已满 10 年不满 20 年的，年休假 10 天；已满 20 年的，年休假 15 天）。

除此之外，在我国，员工还享有婚假、丧假、探亲假、病假、事假等特殊假期。这些假期也受到了法律保护，如果企业妄图克扣的话，将会受到相应的处罚。

········· 6.2　薪酬体系设计的策略 ·········

企业在薪酬体系的设计中完成了第一步——原则性设计，那么下一步就需要考虑薪酬体系设计的策略。而且薪酬体系设计的策略会关系到企业薪酬战略目标的实现，所以应该重视起来。

在制定薪酬体系设计的策略时，企业需要以自身的财务能力和外部市场环境的变化情况为基础。一般来说，薪酬体系设计的策略一共有三种，分别为市场领先策略、市场追随策略和市场协调策略。

🏷 6.2.1　市场领先策略

市场领先策略指的是企业以高于市场的薪酬水平来吸引人才，从而增强自身的薪酬竞争力，达到吸引人才和留住员工的目的。在应用上，华为是一个比较典型的案例。为了在竞争异常激烈的环境中抢得先机，同时也为了能够满足自己对于高素质人才的迫切需求，华为采取了市场领先策略。

继华为之后，越来越多的企业开始采取这一策略。但是，这一策略并不是只有优势，也存在着一些无法避免的劣势，市场领先策略的优劣势对比，如图 6-6 所示。

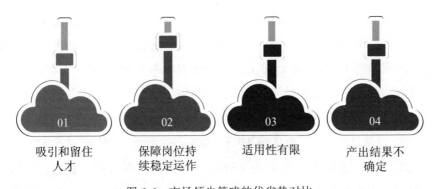

| 01 | 02 | 03 | 04 |
| 吸引和留住人才 | 保障岗位持续稳定运作 | 适用性有限 | 产出结果不确定 |

图 6-6　市场领先策略的优劣势对比

先来说市场领先策略的优势。在外部竞争上，这种策略能帮助企业在激烈的竞争环境里率先竞争到更多的高素质人才，进而满足自身对快速发展以及开拓市场的需要。下面还以华为为例，放在 20 多年后的今天，其推崇的市场领先策略依然是非常成功的。

在内部，市场领先策略可以保证岗位运作的连续性。企业里面难免会有一些条件比较差的岗位，表现在缺少趣味、劳动强度大、需要经常出差、没有成就感等方面。处于这类岗位的员工经常会有负面情绪，但是，如果以领先于市场的薪酬水平作为补偿，则可以有效改善这种情况。

再来说市场领先策略的劣势。首先就是企业实际情况和薪酬成本问题。早期的华为拥有非常强劲的发展势头，因此，有能力用高额薪酬吸引人才。

不仅如此，华为的员工也以知识型为主，所以适合用高额薪酬进行培养。但是，如果企业的发展势头一般，经济能力也很一般，且又不以知识型员工为主，那就不适合采取这种策略。

其次是产出结果不确定的问题。例如，有专家作过这方面的研究，结果表明市场领先策略能够帮助企业提高应聘者的数量，减少员工的流失。但是，在最终的效率上却并没有什么帮助。这也就意味着，这种策略不能保证企业可以找到最优秀的员工，所以仍然需要重视员工的选择和录用环节。

最后，即使企业真的找到了最优秀的员工，最终的产出结果也无法确定。因此需要用奖金、股票、福利等其他形式的薪酬来提升产出结果。

6.2.2 市场追随策略

一些企业也许并不具备强大的财力，所以，根本无法采取市场领先策略。但是，薪酬水平低于竞争对手又会让企业面临很多负面问题，例如，员工不满情绪爆发，生产效率不断萎缩等。在这种情况下，企业为了缓和降低薪酬成本与提高薪酬竞争力之间的矛盾，往往会选择市场追随策略。

市场追随策略指的是企业在设计薪酬体系的时候选择一家标杆企业作为自己的榜样，并在此基础上确定薪酬水平。例如，2018年刚刚在美国纽交所上市的拼多多，其实就在很多方面模仿了阿里巴巴旗下的淘宝，其中也包括薪酬体系。对于企业来说，这种策略具有很多优势，其优势如图6-7所示。

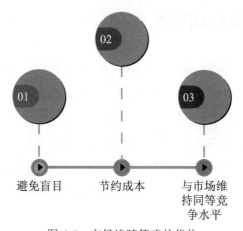

图 6-7 市场追随策略的优势

1. 避免盲目

第一个优势是有据可循，避免薪酬体系设计的盲目性。在市场中，同类型的企业肯定有很多，而其中的绝大多数既没有自己的工会，也没有自己的市场调研团队，尤其是那些处于发展初期的企业，在这方面就更是非常薄弱。

例如，一家刚成立，只有十几个员工的程序开发企业，人力资源管理人员应该如何确定员工的薪酬水平？去做市场调查显然不切实际，最合适的就是找到一家规模较大、发展较好的同类型企业，参照一下它的薪酬水平，然后再根据自身具体情况稍作调整。

2. 节约成本

如果企业专门组建一个市场调查团队进行市场调查，然后再完成薪酬体系的设计，那么这个调查团队的活动经费就是一笔额外的成本。对于一般的企业而言，承担这样一笔成本往往不切实际，在这种情况下，市场追随策略就成为一种比较好的选择。

3. 与市场维持同等竞争水平

最后一个优势就是使企业具有与市场同等的竞争水平。一般来说，如果企业让自己的薪酬水平与市场相近或相同的话，就可以在吸引和保留高素质员工方面处于一个有利地位，从而促进整体效益的提升。

6.2.3 市场协调策略

市场领先策略和市场追随策略都是比较容易操作的薪酬策略，但相比之下，市场协调策略似乎更具有灵活性，也更适合变化万端的市场环境。正因如此，该薪酬策略逐渐被越来越多的企业采用。

市场协调策略的内涵是根据不同的员工群体设计不同的薪酬水平。如今，有很多企业会根据员工工作岗位的不同而设计出不同于市场的薪酬水平。例如，管理人员和技术人员的薪酬会高于市场平均水平，而一般员工的薪酬则会低于市场平均水平。

除此之外，有些企业也会根据薪酬形式的不同而设计出不同于市场的薪酬水平。以保险企业的薪酬体系为例，其基本薪酬和绩效薪酬的水平要远远低于市场，而激励薪酬的水平则要远远高于市场，在薪酬的总体水平上，也要高于市场。

毋庸置疑，市场协调策略已经受到了非常广泛的欢迎。那么，究竟为什么会出现这种情况呢？主要是因为市场协调策略确实有不少优势，其优势如图 6-8 所示。

灵活性强　　　　　　有效激励员工　　　　　　优化成本结构

图 6-8　市场协调策略的优势

1. 灵活性强

市场协调策略具有很强的灵活性，企业可以根据自己的实际情况来设计最合适的薪酬体系。例如，微软的基本薪酬低于市场水平，绩效奖金与市场水平相同，而给予优秀员工的股票期权却远远领先于市场水平。

微软这种灵活的设计可以让薪酬体系发挥最大作用，具体而言，微软虽然在整体薪酬水平上并没有很大的竞争力，但是针对优秀员工的股票期权计划却很有吸引力，这不仅可以满足员工展现才智的需要，还可以实现效益的不断提升。

2. 有效激励员工

市场协调策略可以发挥激励员工的作用。例如，某家专门销售电器的企业，其基本薪酬只是市场平均水平的一半，但是在盈利分享的设计上要远远高于市场平均水平。不仅如此，只要每月的销售额达到了预期目标，员工还能够获得一定比例的目标达成奖金。在这种薪酬体系的激励下，每一位员工都非常努力地进行销售推广，从而为该企业带来了更加丰厚的利润。

3. 降低薪酬成本

市场协调策略能够帮助企业降低薪酬成本。下面还以上述电器销售企业为例，该企业支付给员工的基本薪酬是市场平均水平的一半，如果最终的销售额达到了预期目标，员工的总薪酬会高于市场平均水平，而公司的盈利也会高于市场平均水平。

如果销售额没有达到预期目标的话，虽然盈利可能不会高于市场平均水平，但对于员工薪酬的支付也只是市场平均水平的一半。也就是说，这两种情况对于企业而言，相对成本都是低于市场平均水平的，因此，企业耗费的总体成本会比较少。

:::::::::: 6.3 薪酬体系设计的方法 ::::::::::

薪酬体系设计对于企业的生存和发展至关重要，因此，在实际操作过程中，必须要充分考虑企业的发展战略，并以此为基础设计一套合理的薪酬体系。当然，还有一部分环节也是不容忽视的。例如，市场调查，岗位分析，在兼顾外部竞争性和内部公平性的条件下设计薪点表，为薪酬分类，制定薪酬框架等。

🈴 6.3.1 明确企业总体薪酬战略

薪酬战略是配合企业同期的发展战略而制定并实行的，主要是通过薪酬的设计来引导员工行为，从而达到员工行为有助于实现企业发展战略的目的。例如，处于发展初期的企业追求平稳，希望积累足够的人力和财力，适合把基本薪酬设计得高一些，而把浮动薪酬设计得低一些；处于快速发展阶段的企业，往往需要大力拓展业务，这时就可以增加绩效薪酬和盈利分享在总薪酬中的比重。

在实际的操作中，薪酬战略要根据企业的发展战略适时调整。以海尔为例，其发展战略可以分为三个阶段，每一个阶段都对应不同的薪酬战略，如图 6-9 所示。

图 6-9　海尔发展战略的三个阶段

1. 以质取胜阶段

第一个阶段的核心是以质取胜，因此，海尔薪酬战略的特点就是把重点放在产品生产的质量上，而与之相匹配的则是建立质量价值券考核制度。在上述考核制度下，员工的工作就不仅仅是生产出一台产品，同时还要保证这台产品的质量。具体来说，如果哪个员工生产的产品存在质量问题，那么就按考核规定扣除相应的薪酬。相应地，如果哪个员工生产的产品质量非常好，也可以得到额外的奖励。

2. 多元发展阶段

第二个阶段的核心是多元发展，这一阶段的海尔正在以迅猛的态势迅速壮大，因此，薪酬战略的着重点是多方面激励员工以快速提高生产效率。这时生产员工实行的是计件薪酬制；销售员工的薪酬则和绩效紧密联系；科研员工实行的是承包制，并根据市场效益和科研成果给予奖励，同时还将薪酬分为不同的等级。这样的薪酬战略能在很大程度上激发员工的积极性和主动性，从而成为促进企业快速发展的强大动力。

3. 进军国际市场阶段

第三个阶段的核心是进军国际市场，在这一阶段，海尔采取的是与之相适应的薪酬战略——以市场链为基础的"两索一跳"战略。其中，"两索"指的是索薪和索赔，"一跳"指的是跳闸。具体来说，就是通过为对方提供满意的服务而获得报酬；如果服务不满意，对方就可以反过来要求索赔；如果情况是既不能索酬，又没有索赔，那么第三方就会跳闸，这时问题就会被解决。

总而言之，薪酬体系的设计要明确企业的薪酬战略，并对薪酬结构和薪酬形式的分配进行合理安排。同时也必须知道，薪酬战略和薪酬体系都要随着企业发展战略而适时调整，以便促进企业不断进步。

🕮 6.3.2 设计薪点表

设计薪点表，对岗位薪酬标准进行分层，是设计岗位薪酬体系的重要一步。那么究竟该如何操作才能设计出好的薪点表呢？设计薪点表的要点，如图 6-10 所示。

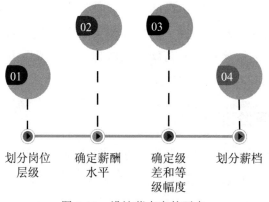

图 6-10 设计薪点表的要点

1. 划分岗位层级

例如，将职能部门和非生产性的事业部门进行层级划分，实际操作时要以企业实际情况为基础。这里将其分成四个层级，分别是领导层、管理层、主管层和执行层，层下面又有 20 级，如表 6-1 所示。

表 6-1　岗位的层级划分图

层　　级	级 别 区 间	级　　数
领导层	1～3级	共 3 级
管理层	4～8级	共 5 级
主管层	9～14级	共 6 级
执行层	16～20级	共 5 级

2.确定薪酬水平

这个环节要充分考虑市场的平均薪酬水平，并以此作为每一层级中位值的参考，进而进行薪酬上下浮动的调整。例如，关键的管理和技术岗位，薪酬要调整到略高于市场平均水平；普通或可替代性强的岗位则可以向市场平均水平靠近。此外，还要考虑公平和效率的问题，适当地拉开不同层级间的薪酬差距。更重要的是，需要将现有的员工和对应的层级薪酬进行比对，保证总薪酬没有出现大的变化。

3.确定级差和等级幅度

级差也就是不同薪酬之间的差额。这里要考虑两个因素，一个是不同层次之间的差额，另一个是同一层次不同等级之间的差额。首先可以确定管理层和领导层之间薪酬总额的比值，其次根据中位值确定一个具体的级差。当然，主管层和执行层的操作也是如此。

等级幅度就是同一层级中最高薪酬和最低薪酬之间的差值，在确定时，一是要考虑已经计算好的中位值，二是要保证每一层的等级幅度相同。

4.划分薪档

划分薪档指的是在每一个薪酬等级之间再进行数个薪档的划分。此举的主要目的是在岗位层级保持不变的情况下，充分照顾到不同员工的能力差异，从而进一步调动员工的积极性和主动性。通常来说，划分薪档的依据有很多，如企业规模、薪酬策略等。局部薪点表如表 6-2 所示。

表 6-2　局部薪点表（以管理层第 4 级为例）

类　别	职　级	一　档	二　档	三　档	四　档	五　档
管理层	4	5 600	5 100	4 700	4 300	4 000

表 6-2 是一个薪点表的局部，以管理层第 4 级为例，划分为五档。要制作一个完整的薪点表，完全可以以此为模板。但要注意的是，层次和级别的划分、薪档级数的确定及每一层级薪酬的设计，都要以企业的实际情况为基础。

🔲 6.3.3　设计薪酬组合

设计薪点表时，需要对薪酬总额有一个整体的把握，并依照外部薪酬调查和岗位分析，得出岗位的大致价值，然后给出岗位薪酬。而层次和级别的划分以及薪档的制定，则是企业根据自身需要而进行的。

上述环节虽然从整体上确定了薪酬水平，但在实际操作过程中，还有很多问题需要解决。例如，薪酬由哪些部分组成，除基本薪酬以外还有哪些补充薪酬等。首先来看一看合理的薪酬组合应该是怎样的，如表 6-3 所示。

表 6-3　薪酬组合表

基 本 薪 酬	补 偿 薪 酬	激 励 薪 酬	其 他 福 利
基础工资	加班费	计件工资	年中旅游
职位工资	津贴	计时工资	年终奖
工龄工资	补贴	盈利分享	免费体检
技能工资		股权共享	免费进修
		绩效工资	考证补贴

一般来说，在确定好员工的基本薪酬水平，并完成层级的划分以后，企业就需要根据自身的发展需要选择适合的薪酬组合。而且这里必须知道的是，虽然薪酬水平相同，但是不同的组合会为企业带来截然不同的效果。例如，同样是 5 000 元的总薪酬，A 企业以基本薪酬 80%，其他薪酬 20% 的比例进行支付，而 B 企业则以基本薪酬 60%，其他薪酬 40% 的比例进行支付，那么最终取得的激励效果是完全不同的。

　　另外，企业在确定薪酬组合的时候，必须要明确自身的实际情况，以及想要达成的目标。以福利来说，不同的企业可以选择不同的形式。例如，旅游企业或者外贸企业可以为员工提供年中旅游的机会，一些需要久坐工作或者经常加班的企业可以每半年为员工提供一次免费体检的机会，培训或教育机构则可以给予员工考取岗位所需证件的额外补贴等。

　　选择不同福利形式的原因其实非常明显，例如，旅游企业和外贸企业可以通过旅游的方式让员工开阔眼界，了解更多地方的风土人情，这样对日后的工作会有帮助；为那些工作相对操劳的员工提供医疗方面的照顾，则会让他们心里踏实很多；培训或教育机构给予员工考取证件的补贴，不仅可以帮助他们提高自身能力，还在对外宣传的时候也更加方便。

　　除了总薪酬，企业也应该在基本薪酬、补偿薪酬、激励薪酬这三者的比例上做合理安排。其中，补偿薪酬往往是根据工作本身的原因而决定的，例如，经常加班，补偿薪酬就会相应多一些。

　　而基本薪酬和激励薪酬则是根据企业当时的战略目标决定的。例如，企业处在快速发展期，亟须高效率的工作产出来满足需要，那么就可以提高激励薪酬在总薪酬中所占的比例；如果企业的发展比较平稳，财务能力也一般，则可以将基本薪酬的比例调高。

🔖 6.3.4　设计福利管理体系，建立激励机制

　　在完成薪点表和薪酬组合的设计以后，接下来就需要设计薪酬福利管理体系，以及建立激励机制，这两个环节对于薪酬体系效用的发挥有着保障和维持的作用。

　　首先来说福利管理体系的设计。福利是企业吸引员工和提高外部竞争力的重要因素。有些同类岗位，尽管 A 企业的总薪酬比 B 企业高很多，但是如果 B 企业的福利比 A 企业的好，很多员工也很可能放弃 A 企业而选择 B 企业。因为现在的员工不仅仅考虑工作的物质所得，还会考虑工作的精神所得，如幸福感、成就感、安全感等。

　　通常情况下，企业的福利一共分为两种：一种是法定福利，另一种是公司自身福利。这两种福利还可以继续细分为一些具体的福利，如表 6-4 所示。

表 6-4 企业福利一览表

法 定 福 利	企业自身福利
养老保险	年中旅游
失业保险	结婚和生育补贴
医疗保险	考证补贴
工伤保险	全勤奖
生育保险	免费体检
住房公积金	个人业务优惠
带薪休假	不定期奖金

其中，法定福利是每个企业都必须按义务履行的，这种福利只有具体金额的差别，没有种类和比例的差别。而企业自身福利则不同，除了具体金额有差别以外，种类和比例也不一样。以两家比较知名的教育机构为例，瑞友给予员工的福利是年中旅游、免费进修、考证补贴等；学而思为员工提供结婚补贴、生育补贴，而且如果夫妻二人均为学而思的员工，且教龄满十年的话，他们的孩子还可以享受从小学到高中在学而思免费学习的机会。

再来说激励机制的建立。薪酬在企业管理体系中可以发挥两种作用：一种是保障，另一种是激励。其中，前者是为了维持企业的正常运转，后者则是为企业的超常运转和快速发展提供强大动力。一般来说，激励机制的建立可以从两个方面着手，分别为短期激励机制的建立和长期激励机制的建立。

短期激励见效快，激励效果非常明显，但时效性存在一定的缺陷。大多数企业实行短期激励的目的就是满足业务需要。例如，某时期业务量突然增加，按照从前的效率根本无法如期完成，在这种情况下，企业除了可以采取加班的方式，还可以采取发放绩效奖金这种短期激励的方式。

简单来说，短期激励的实质是只要在短期内达到了预期目标就可以获得奖励，不过一旦激励中断，工作效率就会立刻出现反弹，甚至还可能回到比从前更低的水平。

与短期激励不同，长期激励的方式主要以股票期权为主（企业规模较大才有股票），而且这种类型的激励往往只针对比较重要的管理岗位和技术岗位。例如，前面曾经介绍过的微软的调和薪酬战略，就是以股票期权的方式激励那些对企业效益作出重要贡献的管理人员和技术开发人员。

:::::::::: 6.4　薪酬体系设计的 3E 设计 ::::::::::

3E 薪酬体系设计是由留美人力资源管理学硕士张守春提出的，凭借这一理论，他在管理学领域占据了一席之地。那么，3E 薪酬体系设计具体是怎样的呢，又该如何发挥最大的效果呢？

3E 代表 External Equity、Internal Equity、Individual Equity，翻译成中文就是：外部均衡性、内部均衡性、个体均衡性。其中，外部均衡性是指企业的薪酬水平要在外部市场中具有一定竞争性；内部均衡性是指企业内部不同岗位的薪酬水平应该以岗位价值为基础；个体均衡性是指同一层级从事相同性质工作的员工也要有薪酬水平上的差距，毕竟不同员工为企业创造的效益是不同的。

6.4.1　外部均衡性

在 3E 薪酬体系设计中，外部均衡性的地位是非常突出的。那么，企业要如何才能保证自身薪酬水平的外部均衡性呢？保证外部竞争性需要注意四个要素，如图 6-11 所示。

图 6-11　保证外部竞争性需要注意的几个要素

1. 市场基本薪酬水平

市场基本薪酬水平是企业保证自身薪酬水平体现外部均衡性的起点。一般来说，企业要想确切地弄清楚市场基本薪酬水平，必须要关注两个方面的信息：一是生活消费水平，二是最低工资标准。

通常情况下，每个地方的最低工资标准都有官方发布的数据作为参考，可以直接拿来借鉴。在这之后，人力资源管理人员可以根据当时当地的生活经验分析每月的平均消费水平，然后将二者结合起来，就可以大致计算出普通员工的基本薪酬数额。除此之外，人力资源管理人员还需要关注同类企业的普通员工都可以拿到何种水平的薪酬，以便在吸引和留住员工方面不处于劣势。

2. 人才供需情况

了解市场基本薪酬水平只是一项非常浅显的工作。如果市场上的优秀人才十分紧缺的话，就会引起激烈的竞争。在这种情况下，薪酬水平的外部均衡性就比较低，而要想使其有所提高的话，就必须提高薪酬水平。

3. 同类企业的薪酬水平

由于外部均衡性所蕴含的价值可以切实影响到企业自身，因此，相关性最强的方面依然是同类企业。例如，某行业的平均基本薪酬为 5 000 元，同在该行业的 B 企业和 C 企业的基本薪酬分别为 7 000 元和 8 000 元，那么即使 B 企业的基本薪酬高于行业平均水平，其外部均衡性的实际值也依然是比较低的。因此，如果一个企业要想提升自己的外部均衡性，除了要了解行业平均水平，还要了解同类企业的薪酬水平。

4. 企业的战略

企业的岗位层级数量通常在 20 个左右，而且每一个都各不相同。与此同时，每一位员工的特点、价值、能力也都存在着差异。这也就表示，对于企业来说，要想方方面面都在外部市场竞争中维持较高水平几乎是不可能的，必须以自身的战略为参考依据。

例如，A 企业中的高层管理人员都是从基层一点点培养起来的，那么在薪酬设计上，就可以让基层岗位具有较强的外部均衡性，而高层岗位可以不具有外部均衡性；B 企业的高层管理人员都是通过外部竞聘获得的，那么就可以将高层岗位的薪酬水平提高，将基层岗位的薪酬水平适当降低。

6.4.2　内部均衡性

企业在薪酬体系设计中还要保证内部均衡性，即根据岗位的价值来确定薪酬水平。这时就需要对岗位价值进行分析，其常见方法，如图 6-12 所示。

分类法　　排序法　　评分法　　要素比较法

图 6-12　对岗位价值进行分析的常用方法

1. 分类法

企业中所有岗位都可以根据任职资格、工作内容、责任、权力、等级、价值等要素划分为不同的种类。一般来说，首先可以根据性质的不同将岗位划分为管理类、事务类、营销类、技术类和设计类等，其次确定每一类岗位的价值范围，再根据价值范围进行进一步的层级划分，最后分析出每一类岗位的具体价值。

2. 排序法

这是一种既简单又笼统的方法，其实在分类法中也会用到这种方法。以对岗位进行层级划分为例，当岗位价值确定以后，就需要在此基础上对岗位进行层级划分。当然，如果具体到每一岗位种类的内部，同样也需要进行进一步的层级划分。

一般来说，那些规模较小的企业更加适合使用排序法，毕竟分类法的适用条件是企业规模足够大、员工足够多、分工足够细致。而使用排序法的话，只需分析出每个岗位的大致价值，然后以此为依据进行岗位的价值排序。

3. 评分法

评分法虽然看起来和排序法非常类似，但其实不然，因为与排序法相比，评分法要更加复杂，也更加量化。在该方法的具体运用上，第一步是确定岗位评价的要素，例如责任、权力、难易程度、创造价值等；第二步是给予这些要素一定的权重，并根据权重为不同的岗位判定分数；第三步是按照分数为各个岗位的价值排序。

4. 要素比较法

要素比较法和评分法相类似，都是比较抽象的量化分析方法。在具体操作上，要素比较法不需要考虑岗位的工作内容、任职资格、责任要求等，而是只需要把岗位的相关价值分解为一些抽象的要素（智力、技能、体力等），然后将这些要素进行不同的等级划分，再赋予每个等级相应的分数，最后计算出各岗位相关要素的分值总和。

🖽 6.4.3 个体均衡性

企业要想在保证内部公平的前提下对员工进行有效激励，不仅要在划分岗位层级的时候考虑员工的价值贡献，还要在同一层级的岗位上区分员工的价值贡献，并在薪酬上体现出来。与员工价值贡献紧密相关的要素，如图 6-13 所示。

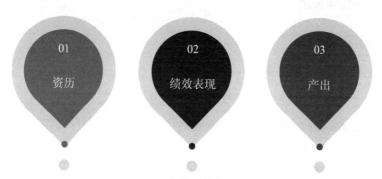

图 6-13 与员工价值贡献紧密相关的要素

1. 资历

与员工资历相关的因素有很多，例如，学历、工作年限、工作经验等。为什么这些因素会影响到个体均衡性呢？先以学历为例，在很多教育机构，同一职称的教师，研究生的薪酬要比本科生高，"985""211"知名院校的毕业生要比普通院校的毕业生薪酬高。

其实这种情况很容易理解，如果薪酬水平一致的话，研究生会抱怨自己学历高却没有收获好的结果，"985""211"知名院校的学生则会抱怨高中的努力和大学本科的高强度培养都付诸东流。这样不仅不容易吸引和留住这些高素质人才，也会打击他们的热情和积极性。

2. 绩效表现

这个要素是比较容易理解的，即在同一层级中，给那些绩效表现好的员工发放更加丰厚的薪酬。正所谓多劳多得，干得好应被奖励是每一个企业都应该坚持的管理原则。试想，如果 A 员工每月比 B 员工更加努力，绩效表现也更好，但在分配结果上两人却相同，这样显然会打击 A 员工的积极性。长此以往，不仅 A 员工会消极怠工，还会对其他员工产生不良影响。

也就是说，在内部的薪酬管理上，企业一定要将员工的绩效表现和薪酬水平联系起来。以学而思为例，该教育机构每三个月就会对同一层级的教师进行一次绩效考核，通过考核的教师则可以获得一次提升薪酬的机会，没有通过的则保持不变。

3. 产出

产出看似和绩效表现类似，其实不然。因为绩效表现的相关因素比较单一，如果比较简单地进行分析，其实就是成本和贡献的比值，这个比值越小，说明绩效表现越好。而产出则不只是包括那些可以量化的方面。

以平安保险为例，有一年，深圳大暴雨，平安保险的某位员工驾驶着带有企业标志的车救了母女两人，并受到了新闻媒体的报道，该员工也接受了采访。此次事件让平安保险的口碑在深圳得到了很大提升，效益也随之上升。

通过上述案例就可以知道，员工也可以在其他方面为企业创造产出，这种产出也是企业所应该高度重视的。帮助公司减少成本、避免某一危机等，都是员工对公司贡献的形式，都应得到相应报酬。

6.4.4 案例：京东员工的薪酬体系

京东是中国一家自营式电商企业，1998年6月，由刘强东在中关村创立。京东发展到现在，已经拥有了十万余位员工。那么一家拥有如此多员工的企业是如何设计薪酬体系的呢？因为京东员工多数为一线仓储配送员工，所以这里以该群体作为讨论的对象。京东的薪酬体系设计的4个方面，如图6-14所示。

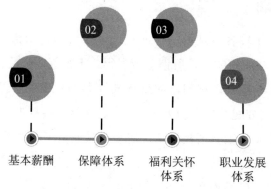

图 6-14 京东薪酬体系设计的 4 个方面

1. 基本薪酬

因为京东采取的是多劳多得的薪酬体制，所以，它的基本薪酬水平会比较低。但是，京东在其他方面的薪酬是很有竞争力的，也就是说，员工如果努力工作的话，每月的收入会非常可观。例如，北京的京东配送员年薪都在10万以上，这已经超过了许多重点院校本科毕业生的薪酬水平。

2. 保障体系

为了保障员工的权益，京东会为员工全额缴纳五险一金。不仅如此，京东还为员工缴纳意外伤害险和意外医疗险，并定期为员工安排身体检查。更重要的是，京东还设立了"员工互助基金"和"一线救助基金"，以帮助那些家庭条件困难的员工。

3. 福利关怀体系

京东为员工提供各种各样的补贴，包括针对全体员工的全勤补贴、餐补、工龄补贴；那些需要三班倒的员工，还可以享受夜班补贴；在丽江、西藏这些高原地区的员工，则享受高原补贴；搬仓的仓储员工，则享受风雨同舟补贴；无论寒风酷暑均在外奔波的配送员，则可以享受防寒防暑补贴等。有的员工表示，如果这些补贴全部拿到，甚至可以赶上某些人一个月的工资。

4. 职业发展体系

在职业发展体系方面，京东为员工提供了多元化的培训方案，使他们都能够有机会进行深造。例如，京东在线学习平台上已经有了超过 300 门的课程，员工可以随时随地获取资源进行学习。此外，京东还联合北京航空航天大学开展了"我在京东上大学""我在京东读硕士"的项目。而且家境贫寒的员工可以申请助学金，成绩优秀的员工可以获得奖学金。

京东的薪酬体系看起来已经非常完善，不过，有段时间出于业务快速增长的需要，京东对这一薪酬体系作出了调整。在以前的薪酬体系中，浮动薪酬占比高，灵活性强，具有很高的竞争优势，但也确实存在着人员不稳定、成本不易控制等问题。调整后的薪酬体系明确了差异化的薪酬定位，对于核心价值岗位的薪酬方案进行了优化；提高基本薪酬比重，并实行区域间差异化设计；在激励上，推出了组合激励工具，并对激励总额进行严格管控。

京东的薪酬体系设计充分考虑到自身的实际情况，对于不同岗位、不同地区员工的薪酬进行差异化设计，并且随着业务的增长实现了及时调整，其他企业可以借鉴这种薪酬体系设计的思路和方法。

第 7 章

如何设计职位薪
酬体系

前面已经介绍过薪酬体系的设计原则和设计方法，本章则对前面内容进行深入的介绍，具体围绕职位薪酬体系的设计展开。相信很多人都会有这样的疑问：职位薪酬体系在薪酬体系中处于什么样的位置，都有哪些优点？当然，肯定还有人会有这样的疑问：职位薪酬体系是薪酬体系具体化的一个方面，那么相较于其他类型的薪酬体系，它有什么缺点呢？

再进一步，就是更实际的疑问。例如，什么样的企业适宜使用职位薪酬体系？将这种薪酬体系使用得当需要满足什么条件？这种薪酬体系的设计流程是怎样的？在本章中，上述疑问将会一一得到解答。

:::::::::: 7.1 职位薪酬体系的优点 ::::::::::

职位薪酬体系的内涵是根据与职位高度相关的要素（如知识、技能、责任等）来确定不同职位的价值大小，并在此基础上进行薪酬等级的划分和薪酬水平的确定。这种薪酬体系在很大程度上实现了同工同酬，体现了按劳分配的原则。

此外，在职位薪酬体系下，员工只有在职位得到晋升以后，才会有薪酬水平的提高，这不仅可以激发员工的主动性积极性，在实际操作上也只需要因职定薪，非常方便，有利于企业节省一大笔管理成本。

🈷 7.1.1 同工同酬，按劳分配

天津的教育机构瑞友在招聘员工的时候，同一学科同等职称的教师，

如果是"985""211"知名院校毕业的，就可以比一般院校毕业的拿到更高的薪酬。其实，这种现象也可以理解，毕竟那些重点大学毕业的人，受到的教育是更高水平的，相比来说，这些人的工作能力、适应能力等各方面能力一般都比普通高校毕业的人要强一些。

李月是一名普通大学毕业的学生，2017 年 9 月入职某培训机构，担任高中英语学科的教师，个人能力很优秀，雅思成绩 7 分，六级成绩接近 600 分。但是一段时间以后，她辞职去了另一家培训机构，这是什么缘故呢？

原来和李月同期入职的还有两名教师，一个是南开大学毕业的，一个是河北工业大学毕业的。在她的眼中，这两名教师，无论是在证书的水平上，还是在口语、语法、词汇量的熟练度上，都和自己有不小的差距。

但有一次，李月无意中得知其他两名教师的薪酬要比自己高将近 1000 元，这让她的心理非常不平衡，觉得自己受到了不平等对待。之后，她打听到另一家培训机构是因职定薪，便辞职去了那里，而且因为自身能力非常突出，她在那里也获得了很好的发展。

从上述案例可以看出，第一家培训机构的薪酬原则是同工不同酬，而第二家培训机构的原则是同工同酬。在分配结果上，前者考虑了薪酬之外的其他因素（如个人资历、教育背景等），后者则是依职位价值而定。从李月对分配结果的反应来看，第二家培训机构的同工同酬体现了公平，因为每个职位本身已经包含了任职资格、能力、工作内容等因素，那么在同一职位上的员工理应在完成了同样的工作量后得到同样的薪酬待遇。如果分配结果不公平的话，员工产生负面情绪并离职也是理所当然的事情。

职位薪酬体系实现了同工同酬及按劳分配，在分配结果上体现了公平，不仅能够使员工保持良好的情绪，而且还可以维护企业内部的和谐和团结，从而促进员工之间的相互学习，形成合作共赢、共同进步的局面。

7.1.2　操作简单，管理成本低

一般来说，只要把不同薪酬体系整理到一起并进行比较的话，很容易就可以看出每一种薪酬体系的具体情况，例如，结构是繁是简、计算是难是易、成本是高是低等。下面以职位薪酬体系和绩效薪酬体系为例进行深入说明，如表 7-1 所示。

表 7-1　职位薪酬体系和绩效薪酬体系的比较

职位薪酬体系	绩效薪酬体系
操作容易	操作困难
数值很少变化	数值变化不定
不需要长期维持	需要长期维持

首先可以看看教育机构是如何划分教师职称的，这里仍以学而思为例。学而思的教师一共有五级职称，分别为初级教师、中级教师、高级教师、特级教师、资深教师。每一级职称都有与之相对应的薪酬水平，换句话说，只要教师达到某一级的职称，就可以享受该级职称的薪酬，而且薪酬不会因为员工的行为而轻易变动。

在确定职称的时候，学而思通常会考虑某些要素，其中最关键的是资历，即教学经验，因为这是衡量一名教师是否优秀的重要条件。通常情况下，在学而思，只有教龄满十五年的教师才有资格参与资深教师的评选。

除了资历以外，授课质量也是一个非常关键的要素，该要素的判定往往由学科评议小组通过现场听课的方式进行。而授课质量的判定可以弥补教学成绩评价的不足，以便充分照顾有能力却在教学成绩上没有体现的教师。还有就是教学成果分析和学生评价，因为学而思的核心是学生，所以这两个要素也比较关键。

从上述案例可以看出，职位薪酬体系在操作上是比较简单的。首先依据相关要素进行职位等级的划分，然后依据市场水平和自身实际情况确定薪酬，最后只要员工达到了某一等级，就可以获得相应的薪酬。更重要的是，因为职位薪酬体系的操作比较简单，所以不需要专门的管理团队，有利于有效节约企业的管理成本。

7.1.3　晋升和薪酬挂钩，提高员工积极性

前面已经介绍，学而思为教师提供了五级职称，分别为初级教师、中级教师、高级教师、特级教师和资深教师。其中，初级教师的年薪在 10 万

元左右，中级教师的年薪在 15 万元左右，高级教师的年薪在 20 万元左右，特级教师的年薪在 28 万元左右，资深教师的年薪则将近 40 万元。

小王在学而思担任小学语文科目的教师，刚入职的时候拿的是实习薪酬，每月 6 000 元左右，其实，这样的薪酬对于一个刚刚大学毕业的人来说并不算低。但是小王似乎并不满足于此，仍然努力工作，人也瘦了不少。有次他的朋友问他，为什么要这么拼，小王详细地解释了其中的缘由。

原来，在学而思，如果实习教师的教学评估成绩得到优秀，就可以提前一个月转正，转正后的薪酬是每月 8 000 多元。小王表示，提高的 2 000 多元薪酬对他来说是非常重要的。另外，他还谈到，学而思有很多年轻的实习教师，每一个人都很有拼劲，大家都希望可以尽快转正，然后再从初级教师升到中级教师，最后成为资深教师，以便获得更高的薪酬。

其实，从小王的解释中可以非常明显地感受到一点，那就是他之所以这么努力，主要就是因为这些努力会被看到并能得到相应的回报。例如，如果通过考核，他就可以从实习教师升为初级教师，随之而来的还有薪酬的增加。由此可见，职位薪酬体系有利于充分调动员工的积极性，促使他们努力工作。

接下来，通过技能薪酬体系来进一步认识职位薪酬体系的优点。首先强调一点，在对职位等级进行考评的过程中，只要员工的工作能力足够强，没有出现过重大事故，就有机会提升自己的职位等级，同时也有机会获得更高的薪酬。但是，技能薪酬体系却并非如此，这里以工程师为例。一般来说，企业都会将工程师分为助理工程师、工程师、高级工程师、顾问工程师、高级顾问工程师，而且不同的等级对应不同的薪酬。不过，在职位薪酬体系下，员工要想获得更高薪酬的话，提升职位等级是没有用的，而是必须加强自身的技能水平。

所以，有时会出现这样的情况：同样是工程师，有的月薪已经超过了 10 万元，有的却连 1 万元都拿不到。也就是说，即使有些员工每月定额或超额完成任务，但如果技能水平较之前没有提升的话，那薪酬也不会有变化，这难免会打击一部分员工的工作积极性。

:::::::::: 7.2　职位薪酬体系的缺点 ::::::::::

任何事物都是有两面性的，职位薪酬体系当然也不例外。因此，除了上述几个优点以外，职位薪酬体系也存在一些缺点。具体来说，虽然晋升与薪酬挂钩，但是等级较高的职位毕竟只有那么多，而且员工的流进数量也在不断增加，这就使得有些员工不仅会在与同一批次员工的竞争中落选，还很有可能会在与后来者的竞争中失败。在这种情况下，员工的自尊心就极容易受挫。

此外，因为职位是稳定的，所以相对应的薪酬也就比较稳定。虽然高等级职位对于处在低等级职位的员工是很有吸引力的，但是，晋升之路往往漫长而又曲折，如果同一职位等级上薪酬水平过于稳定的话，则不利于激发员工的积极性。

🔲 7.2.1　与职位挂钩，员工晋升无望，会消极怠工

前面小节已经讲到，职位薪酬体系由于实现了薪酬与晋升的挂钩，因此可以提高员工的积极性。不过，虽然当时提及在职位薪酬体系的激励下，小王十分努力工作，但其中的另一面也不可忽视，正如一种比较流行的说法：理想很丰满，现实很骨感。

学而思是好未来旗下的一家教育机构，在全国许多城市都设有分部，而且这些分部也都在努力扩大版图，招兵买马。下面以学而思的天津分部为例，每年春招和秋招的时候，都会去各大高校吸引人才，即便如此，仍然不能满足该分部对人才的迫切需求。

这一方面反映了学而思的市场认可度高，扩张步伐比较快，另一方面也反映了一大批新生力量在源源不断地充实着学而思的人才库。这些新生力量对于学而思而言当然是非常有益的，但对于老员工却不尽然。一方面，新生力量确实可以为学而思注入活力，增强员工之间相互学习的动力；另

一方面，这也反映出员工之间的竞争越来越激烈，因为新生力量的庞大与升职机会的稀少是不相称的，同时也意味着很多老员工即使付出了比之前更多的努力，也没有机会提升自己的职位等级。

还以前面提到的小王为例，经过一段时间的努力，他已经转正，薪酬也超过了 8000 元。但小王似乎不再有之前那样的干劲，眼神和语气也都略显疲态。之所以会如此主要有两方面原因：一方面是对未来的晋升之路感到迷茫，看不到希望，毕竟比他优秀的人很多，没他优秀但比他努力的人也有很多；另一方面是长期的努力已经让他的身体有些吃不消，精神也一直处于紧绷状态，难免觉得身心俱疲。

实际上，小王的经历和体验完全可以反映职位薪酬体系的整体状况：员工需要努力在竞争中超过那些比自己年轻、能力强、天赋好的同事，而能否成功提升职位等级，除了努力以外，还有许多偶然因素，所以长久下去，很多员工都会像小王那样显露出疲态。

⑥ 7.2.2　薪酬相对稳定，不利于激励员工

很多人都向往公务员的工作，理由往往是福利待遇好、稳定、体面，但还有一部分人对这一工作充满不满。例如，公务员工作缺乏挑战性、限制能力发展。更有甚者还会对着镜子自问："你想一辈子做一个科长吗？"然后在否定的回答中下定了辞职的决心。

其实，在企业中也有这样的例子，尤其是在职位薪酬体系之下更是数不胜数。那么，究竟为什么会如此呢？一方面是很多人都想换工作，从而为自己创造更大的可能性；另一方面也许就是升职加薪实在太困难，毕竟在职位和薪酬都无法得到预期回报的情况下，员工肯定会出现倦怠心理。

当真的出现倦怠心理时，绝大多数员工的回应方式往往是得过且过，应付度日，工作上只追求不出错，却很少考虑如何才能做得更好。也就是说，从长期的效果上来看，职位薪酬体系确实可能会带来很多不利的影响，如企业和员工之间并无相互的期待与要求。但不得不承认的是，如果这种相互期待与要求过高或者不平衡的话，同样也会带来不利影响，下面以某企业（记

为企业 A）为例对此进行详细说明。企业 A 的行政岗位每个月需要完成的工作量是 10，一个入职半年的员工只需要每天工作 6 个小时就可以全部完成。在平时，这样的效率已经可以满足企业的需求，但如果业务量剧增的话，行政岗位需要完成的工作量要远远大于 10。相应地，员工也需要大幅度提升自己的效率。

但是，行政岗位的员工会用效率的大幅度提升来回应企业吗？也许不会。因为有些员工的心理大致是这样的：无缘无故增加如此多的工作量，却还是按照原来的标准发放薪酬，实在是非常不公平。在此种心理的驱使下，同层级岗位的员工很可能会联合起来消极怠工，仍然完成原来的工作量，以此来作为向企业要求提高薪酬的砝码。

然而，如果企业同意的话，就表示需要一次性提高职位薪酬水平，而且以后也不能无缘无故地降低，这对于企业来说，无疑是一个很大的成本负担。所以，从整体上看，职位薪酬体系不仅存在长期工作后员工消极怠工的问题，而且在短期激励上，也无法像绩效薪酬体系那样及时有力地发挥作用。

7.3　职位薪酬体系设计的前提条件

职位薪酬体系并不是任何企业都适用的。例如，一个规模不是很大的企业 A，只有两到三个职级，它就完全没有必要采用职位薪酬体系，因为这样数量的职级根本满足不了员工对升职加薪的需要。此外，如果一个企业的最高薪酬只有 8 000 元，那么也与企业 A 一样，不适合采用职位薪酬体系，因为无法发挥更高职级的高薪来吸引员工。

另外，如果企业的职级比较稳定，或者职级调整过于频繁的话，也不适于采用职位薪酬体系。当然，职位内容（如任职资格、责任、价值等）是否得到科学的认定，也是职位薪酬体系能否实施的重要条件。本节就对这些方面进行详细的介绍。

📖 7.3.1　职位内容明确化、规范化、标准化

张先生是一位知名的人力资源咨询师，在某港资企业做培训的时候，他曾经遇到这样的一件事：该企业的仓库管理部总监因为自己和制造部总监处在同一个职级但薪酬低于对方而感到不满，并向人事总监提出了抗议。一时间，这个人事总监不知该如何是好，便决定向张先生请教。后来张先生传授给他一个方法，让他顺利地解决了问题。那么，张先生的方法究竟是什么呢？

人事总监按照张先生的意思，向仓库管理部总监和制造部总监提问了几个问题。第一个问题是"你们工作的时间是否一样？"二人均点头应允；第二个问题是"在工作责任上，是制造总监制造出不合格产品的后果严重，还是仓库管理部总监发错材料的后果严重？"仓库管理部总监听完这个问题后沉思了一会儿，觉得制造部总监的薪酬比自己高确实有一定道理。

在上述案例中，同级不同酬的问题得到了有效解决，员工心中的疑惑和不满也完全平息。实际上，有很多企业都会面临这样的情况，但是如果不及时把问题解决的话，不仅员工的情绪得不到平复，也会对企业的正常运行产生不良影响。所以，企业在实施职位薪酬体系时，一定要保证职位内容的明确化、规范化和标准化，具体可以从以下几个方面着手，如图 7-1 所示。

图 7-1　保证职位内容的明确化、规范化、标准化的方面

1. 任职资格

任职资格一般包括以下三点：第一点是学历，是专科生、本科生、硕士生还是博士生；第二点是工作经验，一年、三年还是五年以上；第三点

是相关证书，英语六级证书、专业八级证书、雅思 6.5 分以上、教师资格证书等。

2. 岗位价值

每一个岗位所能创造的价值都是不同的。例如，同样是最基层的业务员，教育机构普通讲师的薪酬水平要明显高于企业的人力资源管理人员，因为前者创造的直接价值要明显高于后者。

3. 岗位责任

除了价值，每一个岗位的责任也是不同的。在前面的例子中已经提到，同样是总监，制造部总监的责任要远远大于仓库管理部总监的责任。

在采用职位薪酬体系前，企业必须明确与岗位价值相关的诸要素，再对这些要素进行不同权重的赋值，最终科学合理地为每一个岗位等级确定薪酬水平。这样员工才不会因为薪酬与处在同一等级的员工有差异而表现出不满。

🈯 7.3.2　职位内容稳定，短期内不会变动

在为企业设计职位薪酬体系时，除了要保证职位内容的明确、规范、标准，以避免员工因职级相同但薪酬不同而产生的不满情绪，还要保证职位内容的稳定。那么，为什么要保证职位内容的稳定呢？下面通过一个真实的案例来看一看：

小张在一家出版企业从事审稿编辑的工作，该项工作的基本内容就是对稿件进行审核和修改，以保证稿件在主题和质量上能符合出版要求，进而保证企业的出版计划可以如期进行和完成。

小张刚刚进入企业的时候，担任的是初级审核编辑，每月的薪酬是4 000 多元，每天只需 6 个多小时就可以完成工作量，还算比较轻松。入职的前两个月，小张一直觉得这份工作非常不错，可是到了第三个月，他就开始满腹牢骚。这到底是为什么呢？

原来按照企业惯例，初级审核编辑在入职三个月以后，如果工作上没

有出现重大失误,薪酬就会上涨1000元左右,而且工作量不会出现任何变化。但在第三个月的时候,领导却对新近入职的员工表示,初级审核编辑必须在原有的工作量上,另外从事一些新媒体运营的工作,如果不同意或者无法胜任的话,薪酬就维持在原来的水平。此举让小张和一些新进员工感到非常不满,没过多久,小张就辞职了。

从上述案例便可以看出,该企业是依据职位确定薪酬的,但领导为了推动企业的长远发展,希望可以从新员工当中挑选出一大批有新媒体运营能力的人才。然而,薪酬是依据职位确定的,如果职位内容出现了变动,工作量也有所增加,薪酬却没有相应的上涨,肯定会出现小张那样的现象。

在这种情况下,企业一方面需要尽可能地保持职位内容的稳定,当有新的工作内容时,可以适当地设计一些新职位,然后通过招聘的形式予以补充;另一方面,如果确实有新内容需要添加,而这些新内容又不足以支撑新的职位,那么在给原有职位增加了新内容之后,要及时地对原有职位进行价值重估,并在此基础上调整薪酬水平。

🖉 7.3.3　具有按个人能力安排职位的机制

在职位薪酬体系下,薪酬水平的确定是以职位价值为依据的,这就意味着每一位在职员工都具有与自己相匹配的能力。此外,企业要想保证职位可以充分匹配员工的能力,避免把能力较强的员工安排在价值低于其自身水平的岗位,或者是把能力较差的员工安排在其无法胜任的岗位上,那就必须要有相应的制度来保障不同层级的职位能照顾到不同能力的员工。至于具体要怎样做,可以从两方面入手:一是职位,二是员工。

从职位方面来说,需要岗位评估机制来保障岗位价值的科学性。但这只是一个前提,只有具备了这个前提,按个人能力安排职位的机制才可以发挥作用。一般来说,岗位分析指的是对岗位的工作内容、性质、工作条件、责任、权力、价值等一系列要素进行不同比例的赋分,最后计算出不同岗位的价值大小,进行价值排序。

当然,不同的岗位所要考量的要素也不相同。例如,播音主持这一岗位所要考量的要素应该是员工的工作经验和临场应变能力;小学教师岗位的考量要素应该包括亲和力、普通话和激情；档案核验师这一类的特殊岗位需要考量细心、谨慎、少言等要素。在选择考量要素时，如果不以岗位价值为基础的话，轻则员工安排失当，重则产生工作事故。

下面说员工方面，这一方面又可以细化为两个小的方面：一是员工能力鉴定机制；二是员工能力动态考评机制。其中，员工能力鉴定机制主要针对的是招聘环节，这时，企业通常已经对内部的岗位价值进行了评估与划分，接下来就是匹配与之相关的员工。在招聘环节，企业可以借用一些外在因素（如学历、实习或者工作经历、证书、笔试、面试等）来考察员工的真实能力，然后根据考察结果为其匹配相应的岗位。

另外，无论是企业还是员工都不是一成不变的，都处于一种不断进步的状态中。例如，有些员工很可能经过一段时间的历练，可以从沉默寡言一点点变成侃侃而谈；一个热情活泼的员工也可能变得沉静克制；一个技术人员也可能表现出出类拔萃的管理能力；一个普通管理人员也有可能表现出惊人的创造力……因此，每一个企业都需要有完善的员工能力动态考评机制，这不仅有利于实时掌握员工的动态，而且也有利于根据员工的变化情况在职位上作出相应的调整。

⊕ 7.3.4　企业中存在相对较多职级

在大多数人看来，只要对职位内容进行足够精准的设计和评估，并对职位薪酬进行相对科学的安排，那么企业就可以实行职位薪酬。但实际上并非如此，因为除此以外，企业中存在相对较多职级也是非常重要的一个前提。通常情况下，职级的多少会关系到职位薪酬体系效率的高低，下面通过一个案例对此进行详细说明。

张伟在上大学时学的是市场营销专业，因为毕业后不想从事该专业的对口工作，就花费了一年的时间学习编程，并如愿去了一家程序开发企业工作。与大多数企业相同，该企业的试用期也是三个月，但张伟只用两周的时间就完成了一个程序，立刻转正了。

转正以后，张伟的薪酬为每月6 000元（扣除五险一金），对于一个没有工作经验的毕业生而言，这样的薪酬水平并不低。起初他自己也比较开心，但工作了一段时间之后就渐渐有些苦闷，并对未来感到有一些惶恐。这是为什么呢？

原来张伟所在的这个企业只为程序员设计了一个等级——基础程序员，而且所有的基础程序员都拿着相同的薪酬。因此，过了一段时间以后，他毅然决然地选择了辞职，并开始一边进修，一边寻求有更多发展空间的企业。

由此可见，在激励员工方面，单一职级的职位薪酬体系确实存在着很大缺陷，不仅没有照顾到同一职级员工之间能力和工作效率的差距，也忽视了员工进步对公司发展的作用。所以，有些企业为了避免这一问题，会将程序员分为很多职级，例如初级、中级、高级、高级顾问、总顾问等。

实际上，职级较多除了能够有效激励员工以外，还可以帮助企业节约薪酬管理成本。前面已经提到，绩效薪酬体系操作比较复杂，需要团队的持续管理，成本比较高。不过，如果企业内部已经存在较多职级的话，那就为职位薪酬体系的实施提供了条件，因为企业不需要重新进行职位的划分，进而可以节约一大笔成本。

7.3.5　企业薪酬水平足够高

上一节谈到了职级对职位薪酬体系的作用和影响，这是不是就意味着，当企业职级足够多，就可以实行职位薪酬体系呢？如果不是又需要哪些前提助力呢？这里仍然以前面提到的张伟的经历作为案例。

我们已经知道，张伟之所以会对自己的前途感到茫然和没有动力，主要就是因为他发现企业只为程序员设计了一个等级，所以根本没有升迁的可能和发展的空间。那么试想一下，如果在基础程序员之上，还有中级程序员、高级程序员的话，那张伟是不是就可以凭借自己的努力继续升迁和发展呢？答案是肯定的。相反地，如果张伟的等级真的有所提升，但这并没有体现在薪酬上，他会感到满意吗？答案是否定的。

由此可见，相较于等级，张伟更加看重的应该是等级背后的高薪酬水平。这也就意味着，在设计职位薪酬体系的时候，不仅要考虑职级，还要考虑薪酬水平，而且必须用足够高的薪酬水平来支撑。职位薪酬体系需要高薪酬水平支撑的缘由，如图 7-2 所示。

支出成本　　　　激励效果

图 7-2　职位薪酬体系需要高薪酬水平支撑的缘由

1. 支出成本

因为职位薪酬体系是根据职位所对应的责任、权力、任职资格、创造价值等要素确立的，等级越高的职位，薪酬水平也越高。而实行职位薪酬体系的一个前提条件就是相对较多的职级。举一个比较简单的例子，如果企业有 18 个职级的话，那么这个企业就需要设计 18 个不同的薪酬水平。第一个职级与最后一个职级之间的薪酬水平差异在经历 18 次的积累后，无论如何都不会少。这也就意味着企业需要有较高水平的薪酬支出总额才能支撑得起这一薪酬体系。

2. 激励效果

仍然以 18 个职级的企业为例。如果企业为了节约成本，缩小不同职级之间的薪酬水平差异。例如，第 18 个职级的薪酬为 6 000 元，第 1 个职级的薪酬为 4 000 元，那么最高职级与最低职级之间的薪酬水平差异就非常小，这显然无法激发员工从第 1 个职级升迁到第 18 个职级的热情和积极性。

7.4　职位薪酬体系设计的流程

在职位薪酬体系下，薪酬的等级和标准是根据职位确定的，而职位又以工作分析为前提。因此，要想设计好职位薪酬体系的话，一定少不了工作分析。当然，除了工作分析，环境分析、职位评价、等级划分、薪酬结构与水平确定也都是非常重要的环节。本节就以此为大家梳理职位薪酬体系设计的流程。

7.4.1 做好环境分析

职位薪酬体系设计的第一步是做好环境分析，即掌握企业所处环境的实际现状和发展趋势。在很多人力资源管理人员看来，环境分析是一项非常困难的工作，之所以会如此主要就是因为企业所处的环境非常复杂，不仅涉及外部环境，还涉及内部环境。更重要的是，这些环境都处于一个动态的发展过程中。在这种情况下，人力资源管理人员就要清楚内外部环境的现状，并根据变化规律对其未来发展进行准确预测。

环境分析的质量会对职位薪酬体系设计产生严重影响，毕竟一个好的职位薪酬体系肯定可以适应环境的变化。除此以外，环境分析能不能做好也可以在很大程度上决定企业薪酬目标能不能实现。尤其对于那些刚刚创立，还处于发展初期的企业来说，环境分析的准确性不仅关系到人才的吸引和员工的留存，还关系到职位薪酬体系作用的发挥。

7.4.2 完成工作分析

工作分析是职位薪酬设计的第二步，同时也是人力资源管理的一项基础活动。简单地说，工作分析是"获取工作相关信息的一个过程"。一般情况下，工作分析的内容可以概述为"6W2H"，分别为：What（工作是什么），Why（工作的目的），When（工作的时间），Where（工作的地点），Who（完成工作的员工），For Whom（工作关系），How（怎样完成工作），How Much（工作完成的程度）。

在具体的实践中，可以通过多种方法获取与工作相关的信息，例如，亲身参与法、关键事件法、问卷调查法、工作日志法、访谈法、观察法等。另外，在此基础上，人力资源管理人员还应该对各职位所需的知识、技能、工作条件等进行仔细分析，然后形成职位说明书，最终确定每项工作、每个职位的相对价值。

7.4.3 实现职位评价

除了上述两步以外，实现职位评价在职位薪酬体系设计中也非常关键。这里所说的职位评价，其实就是通过工作分析，在掌握职位信息的基础上，对不同职位的具体情况（如工作难度、上岗条件、责任权力、工作环境、创造的价值等）进行比较，最终确定其相对价值的过程。

在职位薪酬体系设计中，职位评价有利于让员工了解职位的相对价值，并为之后的薪酬等级划分奠定坚实基础，从而体现薪酬分配的客观性和公平性。不仅如此，实现职位评价以后，很多因素都可以得到确定，例如，职位等级、职位所属系统、职位价值、各职位之间的关系等。

最后，对于广大人力资源管理人员来说，掌握职位评价的常用方法是非常重要的，而且也比较多，具体有排序法、计点法、归类法、因素比较法、海氏评估法、美式评估法、翰威特评估法等。在这些方法的基础上，职位评价正在变得越来越简单。

7.4.4 划分职位等级

实现职位评价以后，就可以得出各职位的相对价值和实际价值，这将成为划分职位等级的一个重要依据。通常情况下，职位等级划分的数量并没有确切标准，而是与两个方面息息相关：一是企业规模，二是工作性质。

一般而言，如果职位等级数量少的话，薪酬宽度就会比较大，员工晋升的速度也会减慢，最终导致激励效果差。相应地，如果职位等级数量多的话，职位层次也多，这会使薪酬成本大幅度增加。

由此可见，在职位薪酬体系设计的过程中，职位等级的划分是非常重要的。这一步骤不仅与企业的组织结构有着密切关联，还会影响激励效果的发挥和薪酬成本的增减。更重要的是，还与员工的主动性和积极性挂钩。

7.4.5 确定薪酬结构与水平

完成对岗位等级的划分以后，就可以着手进行薪酬结构与水平的确定。

先来说薪酬结构，一般而言，常用的薪酬结构主要由以下三个部分组成，如图 7-3 所示。

图 7-3　常用薪酬结构的三个组成部分

其中，固定薪酬包括基本工资、职位工资等；浮动薪酬包括绩效奖金、销售提成、年终奖、盈利分红等；福利包括五险一金、过节费用、团建活动、免费班车、年中旅游、吃饭补贴、免费宿舍等。

在进行薪酬结构的设计时，人力资源管理人员可以采用这几种模式：高固定薪酬＋低浮动薪酬；低固定薪酬＋高浮动薪酬；高固定薪酬＋高浮动薪酬；高固定薪酬＋低浮动薪酬＋高福利；低固定薪酬＋低浮动薪酬＋高福利。不过，这里所说的"高""低"都是相对而言的，并不绝对。

接下来说薪酬水平。因为是职位薪酬体系，所以薪酬水平的确定应该以职位为基础。即岗位价值越大，薪酬水平就应该越高；反之亦然。与此同时，这也就意味着，每一个岗位的薪酬水平都是不相同的。

在很多人力资源管理人员看来，经历上述几个步骤以后，职位薪酬体系的设计就算正式完成，但事实并非如此，因为实施过程中的动态调整也非常重要。要知道，职位薪酬体系的设计不可能十全十美，总是会或多或少地存在漏洞，加之企业所处的内外环境也在不断变化。在这种情况下，对职位薪酬体系进行动态调整就成为一件必须要做的事情。

第 8 章

如何设计绩效
薪酬体系

对众多企业进行调查后发现，很多企业在设计薪酬时，最先考虑的都是成本问题，然后再考虑员工可以接受的最低薪酬问题，而对员工的激励问题考虑得很少。也就是说，大多数企业没有全面考虑过"如何让公司的薪酬设计能够真正激发你的员工"方面的问题。

如何才能更好地发挥绩效激励作用呢？一套行之有效的绩效薪酬体系是必不可少的，它是对员工超额工作部分或者工作绩效突出部分所支付的奖励性报酬，目的是鼓励工作积极及能力突出的员工，进而提高员工的工作效率和工作质量。本章主要讲绩效薪酬体系设计的内容、流程及未来的发展趋势。

8.1　绩效薪酬体系设计的内容

实际上，绩效薪酬体系设计的内容主要包括五个方面：一是支付形式，即企业以何种形式作为绩效薪酬。有的以奖金的形式发放，有的则以福利的形式发放，还有的诸如京东一线员工，则直接以绩效工资的形式发放。二是实施对象，这里面主要涉及两点，即团体和个人。三是配置比例，因为每个企业的薪酬战略不同，所以这个薪酬配置比例就存在着差异。四是绩效等级，因为绩效薪酬体系的出发点是激励员工做出更好的绩效表现，但同时又要考虑支出成本，所以需要设计合理的绩效等级。五是分配方式，可采用完全和不完全分配法。

8.1.1　支付形式

在进行绩效薪酬体系设计的过程中，有两个因素是需要重点考虑的，一个是激励效果，另一个是成本。相应地，在明确支付形式的过程中，这两个因素也必须得到足够的重视。那么，究竟应该如何明确支付形式呢？绩效薪酬常用的三种支付形式，如图 8-1 所示。

绩效工资　　　　奖金　　　　福利

图 8-1　绩效薪酬常用的三种支付形式

1. 绩效工资

绩效工资充分体现了多劳多得的分配原则，从目前的情况来看，物流企业的一线员工、外卖企业的一线配送员都采用这种支付形式。采用绩效工资的支付形式，不仅可以为企业节约成本，而且操作起来也比较简便。相应地，该种支付形式也存在一些弊端：一是不稳定，因为员工没有基本薪酬保障；二是难测量，企业的业务情况和员工的工作量都很难测量，还会对薪酬预算产生不良影响；三是适用性比较差，多劳多得的分配原则往往只适用于比较简单的工作，而对于创造性的工作，绩效是很难量化比较的。

2. 奖金

奖金的支付形式指的是在基本薪酬之上，对员工所完成的超出工作量的那部分工作进行补偿，或者对员工为企业所做的贡献进行奖励。这里可以用具体的例子予以说明。

网易浪潮工作室是网易旗下的内容运营中心，一般来说，该工作室的员工每月需要创作两篇符合要求的稿件，但如果稿件质量和数量都高于要求的话，创作这篇稿件的员工就可以获得额外的绩效奖金。

此外，还有些奖金并不是针对绩效本身进行发放的。例如，某企业员工因为在上班途中救助了一位少女而被新闻媒体广泛报道，使企业的知名度和影响力都得到了很大提升，这位员工也会得到相应的奖金奖励。

还有一些情况，例如，为企业建言献策、改善企业管理现状、帮助企业节约成本等，都可以让员工获得奖金。由此来看，绩效奖金的支付形式已经获得比较广泛的运用，并为企业带来了不少好处。

3. 福利

福利的种类有很多，如有些企业经常会连续加班，除了加班费，还为员工提供一段时间的带薪休假。此外，有些企业还会将年终旅游、免费教育作为福利。要知道，福利是一种比较隐性的激励方式，不像绩效工资和奖金那么直接有力，但却可以体现一个企业的财务能力和对待员工的态度。

首先，在招聘人才和存留员工的环节，福利的支付形式凸显出较强的竞争力。其次，福利往往是针对全体员工的，所以更能体现公平性。最后，福利的种类多样，企业可以根据自身的实际情况做出最恰当的选择，所以适用性很高。

🔖 8.1.2　实施对象

前面已经介绍了绩效薪酬的支付形式。对于绩效工资，员工可以凭借自己的努力获得；对于奖金，员工可以通过提高工作效率或者为企业做出贡献获得；对于福利，任何员工都可以获得。可见，尽管绩效薪酬的支付形式存在差异，但实施的对象似乎只有一个——员工个人。对此，可能不少人会有这样的疑问：是否存在不是针对员工个人的绩效薪酬？当然存在，那就是针对团队的绩效薪酬。

企业是一个有机的组织，这个组织由不同的部门构成，每个部门都可以看成一个大的团队，每个团队又由不同的员工组成。此外，每个部门在企业这个组织中的地位作用，乃至阶段性的价值都有所不同，而每个团队作用的有效发挥又需要内部员工的相互配合。在这种情况下，具有以下三个特点的绩效薪酬方式就变得异常重要，如图8-2所示。

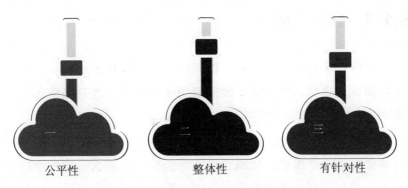

图 8-2　以团队为实施对象的绩效薪酬的特点

　　上述三个特点在绩效薪酬中的优势可以从两个方面进行解读。首先从每个部门的不同作用着手，看看团队绩效薪酬在每个企业中的重要性。前面已经说过，每个企业都可以分为不同的部门，现在以企业 A 为例。企业 A 的主要业务是编辑和出版，下设采访部、编辑部、销售部、美工部等多个部门。其中，采访部的职责是采访企业家并为其撰写个人传记，编辑部负责采编，销售部负责联系企业家，美工部负责摄像和图片制作。

　　而企业 A 在发展中会经历不同的阶段，例如，企业家传记需求比较旺盛的阶段。在这个阶段，采访部的工作量都会大幅度提升，因此，企业 A 会对整个采访部进行绩效薪酬激励。同样的，如果企业 A 缺乏有需求的企业家，那就会对销售部进行绩效薪酬激励。

　　此外，我们还可以从个人绩效薪酬的弊端这一方面来解读团队绩效薪酬的重要性，这里仍以企业 A 为例。企业 A 若针对采访部的每个员工进行绩效薪酬奖励，会出现什么情况呢？因为采编工作需要多个员工配合才可以顺利完成，如果某一个员工绩效表现比较好，得到的奖励比较丰厚，那么其余的员工可能会产生不满情绪，并做一些不太好的事情（如降低写作质量、抄袭等），最终阻碍出版进度。

　　由此可见，企业若想把团队设为绩效薪酬的实施对象，就必须要保证绩效薪酬体系的公平性、整体性、有针对性。因为只有这样，才可以激发每个团队乃至每位员工的积极性和主动性，进而推动企业效益的提升。

8.1.3 配置比例

对于薪酬管理者而言，了解了绩效薪酬是以何种形式支付，工资或者是奖金，抑或是福利，也知道了绩效薪酬是针对个人还是团队进行发放，下面就应该清楚绩效薪酬的配置比例。

通常情况下，配置比例过大，会导致成本过高，而配置比例过小，又会使内外部都缺乏竞争性，影响激励作用的发挥。那么，绩效管理者该如何为绩效薪酬制定科学合理的配置比例呢？比较常用的有以下两种方法，如图 8-3 所示。

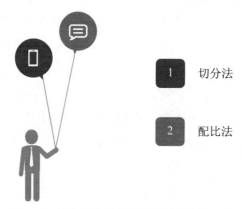

图 8-3　制定绩效薪酬配置比例的常用方法

1. 切分法

切分法，顾名思义，就是对绩效薪酬在整体薪酬中所占的比例进行切分。使用切分法的前提是要做好岗位分析和市场调查，然后确定各个岗位的薪酬水平。这里可以将某个小县城的京东配送员工作作为案例。

通常情况下，小县城的平均薪酬水平在 3 500 元左右，每个配送员每月大概可以配送 600 件快递。如果按照配送一件快递可以提取 4 元计算的话，每个配送员每月的薪酬只有 2 000 多元，这样的薪酬显然不能留住人。

所以，京东对小县城的配送员采取了特殊的薪酬配置比例，即绩效奖金占 60%，工资占 40%，另外还有寒暑补贴等多种福利。在这种情况下，京东的配送员即使在小县城工作也可以获得可观的收入，虽然与北京、上海等一线城市配送员相比还是有较大差距，但是依旧可以满足自己的生活和发展需求。

2. 配比法

切分法往往考虑的是各岗位的整体薪酬水平，而配比法则优先考虑岗位分析和市场薪酬调查所得到的数据，并在此基础上确定各个岗位的薪酬水平。通常来说，配比法的目的有两个：一是更加有效地节约成本，二是充分发挥绩效薪酬的激励作用。

举一个比较简单的例子。通过岗位分析和市场调查，A 岗位的薪酬被定在了 4 000 元左右，那么企业就把内部同类岗位的薪酬设计成小于这一数额，如 3 500 元，然后再提供一定比例的绩效奖金，例如 20%。这样员工就会为了达成绩效目标而努力工作，从而实现员工与企业双赢的局面。当然，如果员工没有达成绩效目标的话，企业也可以节约一笔成本支出。

8.1.4 绩效等级

绩效等级指的是为员工的绩效考核结果划分等级，它不仅与绩效指标和考核标准有关，还与绩效考核的对象和方法有关。通常情况下，在对员工绩效考核结果进行客观评价的基础上，绩效等级的数量和差距会严重影响绩效薪酬的分配。

一般来说，在设计绩效等级的数量和差距时，必须要考虑绩效薪酬对员工的激励程度。如果绩效等级过多的话，就会导致绩效差距过小，进而影响绩效薪酬的激励程度。相应地，如果绩效等级过少的话，也会导致绩效差距过大，进而影响员工对绩效薪酬的预期，并使员工丧失积极性和主动性。

另外，在设计好绩效等级以后，还应该对不同绩效等级内员工绩效考核结果的分布情况进行明确。简单来说，就是每一个绩效等级内应该有多少名员工或者多少比例的员工。通常而言，在明确绩效分布的时候，应该遵循正态分布原则，即优秀员工的比例设置为 10% ～ 20%，中等员工的比例设置为 60% ～ 70%，较差员工的比例设置为 10% 左右。

实际上，严格明确绩效分布的优势是比较明显的。一方面，可以更好地区分员工的绩效考核结果；另一方面，还可以消除绩效考核中的主观性和误差，进而保证绩效考核结果的公正性和准确性。

🗄 8.1.5　分配方式

某知名企业的人力资源管理人员曾经遇到过一个疑问，该疑问可以被整理为两个方面：一是企业对员工作出激励允诺，例如，到年底实现某一经营目标就可以获得一定额度的绩效奖金，可是在员工如期实现目标以后，却只拿到了一半的绩效奖金；二是企业从年收益当中拿出几千万作为年终分红，但并没有规定要发放给哪些人。这位人力资源管理人员的困惑是：前者是否会出现激励效果中断的情况，而后者是否会让企业增加不必要的支出？

实际上，上述困惑涉及绩效薪酬的分配方式。其中，前者属于不完全的分配方式，也就是一次性不付清所有的绩效薪酬，后者属于完全的分配方式，也就是一次性付清所有的绩效薪酬。那么，这两种分配方式究竟哪个更好一些呢？不妨为其做一个详细比较，如表 8-1 所示。

表 8-1　完全分配与不完全分配的比较

完 全 分 配	不 完 全 分 配
强化企业形象	企业形象受损
较强的激励效果	激励效果相对较弱
资本流失	资本积累

通过表 8-1 可以看出，完全分配和不完全分配都有两面性。对于员工而言，肯定都希望自己的绩效薪酬能够以最快的速度进入腰包，因此那些及时并全额发放绩效薪酬的企业，往往可以在员工的心里树立一个良好的形象。更重要的是，员工也不会因为绩效薪酬的少发或延发而情绪受挫。

如果员工的绩效薪酬被部分发放且延迟发放，企业形象就会受到非常严重的损害，而且员工也很有可能在以后的工作中丧失积极性和主动性。不过对于企业而言，绩效薪酬的部分发放或延迟发放却是极其有益的。

具体来说，如果企业规模较大的话，延迟发放的绩效薪酬就会动辄数以千万计，这是一笔非常可观的资本，甚至可以在半年或一年内帮助企业完成资本积累。而如果企业规模较小的话，这笔延迟发放的绩效薪酬可以缓解暂时性的资金周转困难。

由此可见，无论是对于较大规模企业来说，还是对于较小规模企业来说，不完全分配都有利可图。但应该注意的是，部分发放或延迟发放并不是不发放，当员工得到了应得的绩效薪酬时，情绪会逐渐平复。所以，两种分配方式很难分出优劣，企业可以根据自身实际情况做出适当选择。

8.2　绩效薪酬体系设计的流程

前面两个小节介绍了绩效薪酬体系的构成和绩效薪酬体系设计的主要内容，那么绩效薪酬体系究竟该如何设计呢？具体的流程又是怎样的呢？首先，制定并量化目标，这里的目标既包括企业目标，又包括员工目标；其次，明确绩效评估步骤，主要目的是确定绩效与薪酬的挂钩关系；再次，进行绩效评估，促进绩效薪酬的真正实施；最后，改进绩效薪酬体系，实现随时调配。

8.2.1　制定并量化目标

绩效薪酬体系实施的起点是制定企业目标，无论基于何种因素（如企业愿景、企业战略、企业文化等），绩效评估方式都要围绕企业的实际目标来制定。在制定企业目标时，应该遵循目标管理的 SMART 原则，即目标必须要量化，且具有一定的明确性、可实现性、时限性和可关联性。

除了企业目标，员工目标的制定和量化也非常重要。这里必须知道的是，员工目标能否顺利实现与企业目标有着非常密切的关系。具体来说，企业目标要以科学合理的方式层层分解至员工，并在企业内形成一个完整且立体的目标链条。

当目标制定并量化好以后，绩效评估才可以正常进行，得出的结果才可以更加准确和有效。这样的话，在实施绩效薪酬体系的过程中，就能够有据可依，从而在很大程度上保证公平性，消除员工的不满情绪。

8.2.2 明确绩效评估步骤

明确绩效评估步骤是绩效薪酬体系设计中的重要步骤。那么，绩效评估步骤究竟应该如何明确呢？具体可以从以下几个方面着手：设计员工能够接受的绩效目标，制定科学合理的绩效评估方式，完善绩效沟通过程，做好绩效评估结果的反馈，实施公平的绩效奖励。

除此以外，明确绩效评估的要素也非常重要。通常来讲，绩效评估的要素应该能全面、客观、具体地反映员工的绩效，而比较常用的几个要素是客户评价、工作质量、工作数量、出勤情况、目标达成情况等。

在明确绩效评估步骤的过程中，还需要确定绩效与绩效薪酬的挂钩关系，此举的主要目的是让员工了解绩效与个人利益之间的关系，从而进一步激发员工的主动性和积极性。一般而言，要想确定绩效与绩效薪酬的挂钩关系，可以采用佣金制、按照比例提成等方法，至于具体采用哪一种，则要根据企业实际情况来决定。

8.2.3 进行绩效评估

在企业目标、员工目标、绩效评估步骤、绩效评估要素的基础上进行绩效评估，是绩效薪酬体系设计的压轴环节。在进行绩效评估的过程中，要对那些最为关键的绩效要素进行考核和判断，而且必须保证公平和公正。

在完成绩效评估以后，还要用适当的方式将结果传达给员工，并保证每一位员工都能对这一结果表示认可。此外，当遇到特殊情况时（如评估出现失误、员工对结果不满意等），必须及时调整和改进。

最后，如果绩效评估结果没有问题且得到员工一致认可的话，就应该按照已经规定好的绩效与绩效薪酬的挂钩关系对绩效薪酬体系进行正式实施。

8.2.4 改进绩效薪酬体系

绩效薪酬体系具有非常强的动态性，之所以会如此主要就是因为该种薪酬体系的出发点是目标，而无论是企业目标还是员工目标，都始终处于随时调整的状态下，以便与业务的发展相适应。

　　这也就表示，在实施绩效薪酬体系的过程中，定期对绩效目标进行修订是非常必要的，与此同时，还要适当更新绩效要素。总言之，要想让绩效薪酬体系发挥最大的作用，就必须不断发现其中的问题，并及时完善和解决这些问题。

8.2.5　案例：阿里巴巴的薪酬管理模式

　　阿里巴巴是以马云为首的 18 人联合创立的，并于 2014 年 9 月在纽约证券交易所正式挂牌上市。目前，阿里巴巴的业务已经非常多样化，主要包括淘宝网、天猫、聚划算、全球速卖通、阿里云、蚂蚁金服、1688、菜鸟网络、阿里妈妈等。在 2018 年《财富》发布的世界 500 强排行榜中，阿里巴巴位列第 300 名。那么这样一个有如此优秀成绩的企业，会运用怎样的模式进行薪酬管理呢？

　　毋庸置疑，阿里巴巴是一个规模十分巨大，发展势头十分强劲的企业，要想在较短的篇幅中比较全面地反映其薪酬管理模式是不太可能的，因此，本小节将针对以下两个方面进行着重分析，如图 8-4 所示。

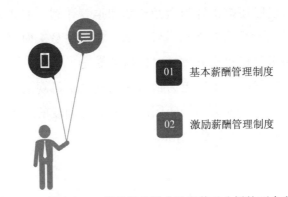

01　基本薪酬管理制度

02　激励薪酬管理制度

图 8-4　对阿里巴巴薪酬管理模式进行着重分析的两个方面

1. 基本薪酬管理制度

　　首先在构成上，基本薪酬主要包括四个部分，分别是基础工资、工龄工资、津贴和奖金。其中，基础工资由基本工资和岗位工资构成，该部分在基本薪

酬中占据了很大比例。一般来说，基本工资主要根据当地的最低工资标准和
岗位的实际价值进行拟定，而岗位工资的设计则是以岗位等级为依托。

在操作上，根据员工的学历、工作经验、技术水平及岗位的责任大小、
创收贡献等因素，阿里巴巴将岗位划分为三个层次，分别是高级管理核心层、
中级骨干层和普通基层，然后又将这三个层次划分为十个等级。在类别上，
阿里巴巴将岗位划分为管理、行政、财务、销售、技术五大类别。在具体
运用上，阿里巴巴始终坚持"变岗变薪"的原则。

2. 激励薪酬管理制度

在选择激励对象时，阿里巴巴遵循的是"二八法则"。具体而言，前
10% 靠的是个性激励，后 10% 靠的是负面淘汰激励，而剩下的 80% 则是真
正需要激励的群体。如果仔细分析的话可以知道，阿里巴巴的激励薪酬管
理制度不仅具有多样性，而且还具有针对性。

举几个比较简单的例子。阿里巴巴有主要针对技术人员的个人激励计
划，当技术人员在标准时间内超额完成了规定任务，就可以获得绩效奖金；
针对客户经理的管理激励计划，如果客户经理达到或超过了所在部门规定
的目标（如生产目标、销售目标、利润额度目标等），则可以获得绩效奖金。

此外，阿里巴巴还提供行为激励计划和推荐计划。前者如同深圳平安
保险对员工救助妇女行为的奖励，后者则是将优秀员工向更高等级的岗位
推荐。当然，阿里巴巴也十分重视对团队的激励。例如，全球速卖通在向
海外市场拓展的时候，阿里巴巴为销售团队提供了可观的绩效激励，即平
台每成功进入一个国家就会为销售团队发放一定额度的绩效奖金，此举在
很大程度上促进了全球速卖通的拓展。

⋮⋮⋮⋮⋮⋮ 8.3 绩效薪酬体系的发展趋势 ⋮⋮⋮⋮⋮⋮

在绩效薪酬体系下，原则上，员工只有绩效表现好才能获得较高薪酬，
这难免会导致员工间发展的不平衡。但是，随着社会的进步和时代的变迁，

绩效薪酬体系已经显现出了新的发展趋势，具体包括战略化、风险化、长期化。本节对此进行详细的介绍。

8.3.1　战略化：与企业战略相结合

在绩效薪酬体系的发展趋势中，战略化是首先要提到的一个，这里的战略化是指实现绩效薪酬体系与企业战略的结合。随着时代的不断发展，很多企业都已经意识到战略管理的重要地位：一方面，可以为企业指明未来的方向；另一方面，可以助力企业成功与发展。于是，在企业的各项管理中，战略管理思想似乎都有迹可循。

为了能够吸引、留住、激励更多的优秀员工，企业开始从战略角度对绩效薪酬体系的设计与实施进行考虑。此外，为了让员工目标与战略目标达成一致，企业还在绩效薪酬体系中加入了一些激励手段，如利润分享、股票期权等。

当然，不仅是绩效薪酬体系，其他薪酬体系也都展现出了不同程度的战略化。而且必须知道的是，这不仅是薪酬体系的发展趋势，更是薪酬管理乃至时代的发展趋势。基于此，将这一趋势融入绩效薪酬体系的设计中，已经成为一件非常重要的事情。

8.3.2　风险化：企业与员工共担风险

除了战略化以外，风险化也是绩效薪酬体系的一个发展趋势，具体而言，企业与员工将共同承担风险。目前，经济全球化趋势不断加强，企业之间的竞争也越来越激烈，因此，为了提高自己的竞争力，绝大多数企业都希望能进一步降低成本。

因为绩效薪酬体系将薪酬与员工绩效及企业收益直接挂钩，所以员工虽然可以与企业共同分享收益，但是也必须与企业共同承担相应的风险。不仅如此，从现阶段来看，越来越多的企业开始降低基本薪酬在总薪酬中的比例，而去大幅度提高绩效薪酬的比例。

当然，上述做法确实可以帮助企业减少一部分薪酬成本，但同时也增加了员工风险。一旦企业出现经营不善、利润下滑的现象，各类薪酬就都会受到严重影响，进而导致员工对绩效薪酬体系的抵制心理。

8.3.3 长期化：适当延长实施周期

任何一种薪酬体系都有实施周期，绩效薪酬体系当然也不例外。未来，企业赢得竞争优势的"秘密武器"将会是人才，而企业要想吸引和留住更多人才的话，只靠短期实施绩效薪酬体系是远远不够的，还应该适当延长实施周期。例如，增加员工持股、利润分红、快速晋升等激励手段。这样不仅将员工薪酬与企业长期收益结合到了一起，促使员工既关注企业的短期进步又关注企业的长期发展，而且还在激励手段的助力下，加强了员工对企业的忠诚度，为企业扩大规模、提升竞争力提供了人才资源。

总的来说，对于绩效薪酬体系而言，无论是战略化还是风险化，抑或是长期化，都已经成为无法逆转的发展趋势。这时，企业和薪酬管理者应该做的就是把握未来，根据发展趋势对绩效薪酬体系进行调整。

第 9 章

如何设计技能
薪酬体系

技能薪酬体系是根据员工的实际技能确定员工薪酬水平的一种薪酬体系。与绩效薪酬体系不同，技能薪酬体系的核心不再是绩效，而是技能。这也就表示，无论员工的绩效表现好还是表现差，如果技能足够强的话，就很可能获得较高的薪酬。

9.1　技能薪酬体系的显著特征

要想对技能薪酬体系进行详细了解，掌握其显著特征是非常必要的。那么，技能薪酬体系究竟有哪些显著特性呢？首先是以"人"为本，其次是以技能的提高为支付依据，最后是两面性。本节就对这些显著特征进行详细分析。

9.1.1　以"人"为本的薪酬设计

技能薪酬体系的一个显著特征就是以"人"为本。与前面提到的职位薪酬体系相比，技能薪酬体系有很大不同。具体来说，职位薪酬体系以职位为基础，重点关注员工从事工作的差异，而技能薪酬体系则是以员工的技能为基础，重点关注员工在完成工作时所需的知识、技巧和能力。

在技能薪酬体系下，企业会对每一位员工提出明确且具体的技能要求。也就是说，企业的管理核心不再是职位，而是员工的技能，这不仅有利于促使员工不断提升自己的技能，也有利于推动企业良好发展。

此外，技能薪酬体系以"人"为本，还体现在员工安排的灵活性上，具体可以从三个方面进行说明。首先，使企业的人员配置得到进一步优化，增加员工安排的灵活性；其次，适当奖励技能水平强的员工，从薪酬层面体现公平性；最后，与员工对自身的追求达成一致，保证企业拥有足够的人才。

🏵 9.1.2　以技能的提高为支付依据

在技能薪酬体系中，薪酬的支付依据为员工技能的提高，这样就把员工技能与企业战略结合在一起，有效激励员工为了获得较高薪酬而不断提高自己的技能，从而推动企业战略尽早实现。

另外，薪酬向高技能员工倾斜，可以进一步提升工作质量。在技能薪酬体系中，技能水平较高的员工可以获得高薪酬，这有利于吸引、选拔、留存一部分高技能员工，而这部分员工也许就是企业的核心力量。

当然，技能薪酬体系还可以使工作效率得到提升。之所以会这样说，主要就是因为当技能成为支付的依据以后，员工就会更加重视企业业务的发展，进而加强企业业务发展对员工的凝聚力，促进工作效率的提升。

🏵 9.1.3　技能薪酬体系具有两面性

一般来说，以"人"为本的薪酬体系可以充分激发员工的主动性和积极性，但这也正是技能薪酬体系两面性特征形成的一个原因。因为企业奖励的是技能，其假设的一个基本条件是员工的技能水平越高，工作效率越高，弹性也就越强。然而，如果技能没有或者不能在工作中得到恰当使用的话，企业预期的绩效表现很可能无法顺利达成。

另外，在技能薪酬体系下，薪酬与技能是息息相关的，但员工的技能往往会受到很多因素的影响，例如，自身情况、工作环境、企业发展、团队配合等。因此，当某些因素对员工技能产生影响以后，如果企业没有对薪酬进行及时调整的话，很可能会造成严重的僵化现象。

最后，因为技能薪酬体系过度关注员工的技能，所以难免会忽视其他方面的管理，例如，岗位设置、工作流程、相关制度等，这样很容易形成以技能为核心的管理模式。在这种情况下，只要那些高技能员工流失的话，不仅会对企业产生严重影响，而且还不利于企业竞争力的保持和提升。

9.2 技能薪酬体系的操作要点

以上讲述了技能薪酬的特征，但要想使其在企业能够真正实施的话，只了解特征是远远不够的，我们还需要了解技能薪酬体系的操作要点。顾名思义，既然是技能薪酬体系，那么着眼点一定在技能上。因此，在技能薪酬体系的操作过程中，必须要把握好以下几个要点：做好技能的培训，明确技能的范围，把控技能的管理。至于具体应该怎样做，则是本节要重点讲述的内容。

9.2.1 做好技能的培训

要想在企业实行技能薪酬体系，最关键的就是做好技能的培训，毕竟技能必须在实际工作中才能够充分发挥作用。那么，技能的培训究竟如何才能做好呢？应该从以下两个方面着手，如图 9-1 所示。

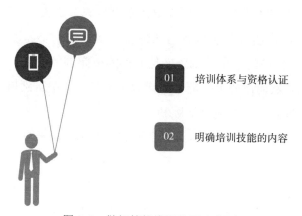

01 培训体系与资格认证

02 明确培训技能的内容

图 9-1 做好技能培训的两个方面

1. 培训体系与资格认证

为了让员工能够具备岗位所需的各种技能，企业有必要建立完善的培训体系。与此同时，为了保证员工确实掌握了这些技能，企业也有必要拥有一个技能资格认证过程。当然，拥有一个技能资格重新认证过程也是非常必要的，主要就是为了让员工的技能可以始终保持在一个比较高的水平上。

2. 明确培训技能的内容

培训技能的内容一共有两种来源：一种是员工自己决定，另一种是根据工作流程及实际需求决定。在进行技能培训之前，企业必须明确要采用何种来源的培训技能内容，这项工作应该围绕着企业的具体情况来进行。另外，还需要注意的一点是，企业应该明确培训技能的速度，因为速度无论是过快还是过慢，都会对培训效果产生影响。

总而言之，技能的培训是为技能薪酬体系服务的，只有员工具备了相应的技能，技能薪酬体系才有实施的基础。

🔖 9.2.2　明确技能的范围

在实施技能薪酬体系时，企业不会为员工所具备的任何技能支付薪酬，而是对某些特定工作所需要的技能支付薪酬。因此，企业必须知道自己要为哪些技能支付薪酬，否则很可能会出现员工忽视本职工作并且好高骛远的现象。

在为确定好的技能支付薪酬时，要仔细分析技能总价值与市场薪酬水平之间的联系。例如，假设某项工作需要六种技能，则员工必须在具备这六种技能之后，才可以获得与市场薪酬水平相同的薪酬水平。

除了技能类型的范围，技能开发的范围也是不可以忽视的一个重要因素。简单来说，企业到底应该将员工培养成通才，还是着重为员工提升那些具有很高价值的特定技能？例如，财务人员具备了文字处理能力可以帮助文员减少工作量，但企业并不需要为财务人员支付额外的薪酬；但是，如果文员具备了财务能力，并且完成了一部分财务工作，那么企业就应该为其支付相应的薪酬。

🔖 9.2.3 把控技能的管理

在技能薪酬体系下，管理的重点已经变成了最大限度地利用员工所具备的全部技能。然而，随着工作年限的不断加长，部分员工会发现自己已经达到了最高技术等级，没有上升的空间。基于此，这些员工将缺乏学习新技能的动力，所以就需要一些激励手段的帮助，如利润分享、股票、期权等。

某企业将员工必须具备的技能划分为三种类型：基础技能、核心选修技能和自由选修技能，而且每一种类型的技能都有与之相对应的培训。除此以外，根据培训结果，企业又将员工划分为五个等级：初入级、一级、二级、三级和四级，并为各个等级设计了不同的基本薪酬，如表 9-1 所示。

表 9-1　某企业不同等级员工的基本薪酬

员 工 等 级	基 本 薪 酬
初入级	3 000 元 / 月
一级	3 500 元 / 月
二级	4 000 元 / 月
三级	4 800 元 / 月
四级	6 000 元 / 月

考虑到最高等级为四级，员工升上去以后很可能会出现倦怠心理，所以企业为那些达到四级以后又具备新技能的员工，提供了比基本薪酬更具吸引力的激励薪酬——利润分享，即将企业的一部分利润拿出来分享给满足条件的员工。

实际上，在操作技能薪酬体系的过程中，无论是上面提到的技能培训还是技能范围，抑或是技能管理，都可以归结为一个主题——技能。因此，企业在决定实施技能薪酬体系之前，一定要对企业和员工的技能情况进行深入分析。如果企业对技能没有太大要求的话，就可以选择其他种类的薪酬体系；如果员工技能达不到要求的话，就先完成提升员工技能的工作。

9.3　技能薪酬体系的构成

技能薪酬体系一共由两个部分构成：一是深度技能薪酬计划；二是广度技能薪酬计划。二者有很大不同。其中，前者以某一专业化的职业发展通道为基础，而后者则需要员工一身多能。那么，在实际的工作中，究竟应该如何把深度技能薪酬计划和广度技能薪酬计划制订好呢？本节就来为大家解决这一问题。

9.3.1　深度技能薪酬计划

在深度技能薪酬计划中，深度技能指的是通过在范围较为明确的领域中不断积累而获得的知识及经验。也就是说，深度技能是可以培养的，但这一培养必须以某一专业化的职业发展通道为基础。那么，深度技能薪酬计划究竟是什么样子的呢？下面通过一个实例来进行详细说明，如表 9-2 所示。

表 9-2　深度技能薪酬计划实例

程序员等级	衡量标准（部分）	薪酬水平（万元／年）
普通程序员	掌握编译器的使用方法，进行常规代码的编写，了解数据结构和算法	15 ～ 25
高级程序员	独立设计并开发小型软件，掌握各项常用技术，理解并编写架构设计书，编写中等难度的 SQL 语言	20 ～ 35
软件工程师	具备中型系统的架构能力，了解系统架构与分工之间的关系，保证软件的质量	30 ～ 50
系统架构师	拥有丰富的实践经验，独立设计中型类库	45 ～ 80
企业级系统架构师	设计大型、巨型系统及类库，掌握利用架构弥补语言本身不足的方法	80 ～ 100

通过表 9-2 可以知道，在制订深度技能薪酬计划的时候，确定各个等级的衡量标准是非常重要的，这项工作要围绕企业具体情况和岗位所需技能

来进行。此外，不同等级的薪酬水平往往是不同的，所以必须把握好其中的差异程度。

🖋 9.3.2 广度技能薪酬计划

在广度技能薪酬计划中，员工需要掌握其上游、下游或者同级职位所要求的技能，这也就表示，员工不仅要能够完成自己的本职工作，还要能够完成本职工作以外的一般性工作。下面来举一个比较简单的例子。

在一些大型企业当中，员工通常都会有十分严格的分工，例如，总经理、程序员、人事总监、行政助理、财务专员、总裁秘书等，所以这些企业往往都会选择深度技能薪酬计划。然而，在一些比较小型的企业当中，由于员工的紧缺和业务的稀少，分工可能不会非常明显，因此一位员工可能会承担多个职务的工作，例如，财务专员兼职面试、设计总监兼职推广宣传等。

在这种情况下，广度技能薪酬计划的优势就显现出来。一方面，可以让身兼多职的员工得到应有的报酬，激发他们的积极性和主动性；另一方面，可以为企业节省一部分人力成本，进一步促进企业规模的扩大。最后应该注意的是，在制订广度技能薪酬计划时，应该以员工掌握技能的广度为核心，即员工掌握的技能越广，薪酬水平就越高；反之亦然。

总而言之，深度技能薪酬计划比较适合于大型企业，广度技能薪酬计划则适合于小型企业。但无论如何，随着企业的不断发展及分工的渐趋明确，广度技能薪酬计划还是会转变为深度技能薪酬计划，这样才有利于工作质量及员工积极性的提高。

·········· 9.4 技能薪酬体系的设计步骤 ··········

通过前面的内容，大家已经对技能薪酬体系有了比较深刻的了解，但这还只是皮毛而已。因为在实际工作中，设计出一个完善的技能薪酬体系才是最重要的。那么，作为薪酬管理的实施者，人力资源管理人员应该如何进行技能薪酬体系的设计呢？本节就来对这一问题进行详细解答。

9.4.1　确定企业的核心技能要求

设计技能薪酬体系的第一个步骤是确定企业的核心技能要求，即掌握员工必须具备的关键技能。与此同时，还要对这些关键技能进行描述、整理、分类，形成一个完善的关键技能要求体系，并为其划分相应的等级。

9.4.2　对员工技能进行测评与定级

在技能薪酬体系设计中，对员工技能进行测评与定级是非常重要的一个步骤。那么，人力资源管理人员应该如何对员工技能进行测评与定级呢？主要有以下三种途径，如图 9-2 所示。

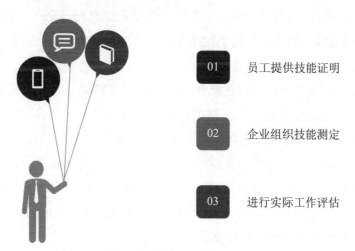

01　员工提供技能证明

02　企业组织技能测定

03　进行实际工作评估

图 9-2　对员工技能进行测评与定级的三种途径

其中，员工提供的某些技能证明（如学历证明、技能大奖证明、职业资格证明等）都只能作为参考，而不能作为衡量员工技能的唯一标准。企业组织的技能测定可以直接反映出员工的技能水平，所以已经成为绝大多数人力资源管理人员的选择。进行实际工作评估是最直接也比较准确的一种途径，毕竟员工的技能还是要在具体工作中使用。当然，也只有经过实践的检验，员工技能才可以为企业核心技能添砖加瓦。

9.4.3　基于员工技能确定薪酬水平

在完成上述两个步骤以后，就可以着手进行薪酬水平的确定。因为是技能薪酬体系，所以薪酬水平应该与员工技能挂钩，即员工技能越强，薪酬水平就越高。同样，在技能薪酬体系下，薪酬水平的确定也和市场薪酬水平有关，所以仍然要进行外部薪酬调查。

另外，企业的薪酬策略和薪酬的成本总额也会影响薪酬水平，这也就表示，在设计技能薪酬体系之前，对实际情况进行了解是非常必要的。当然，无论如何，根据员工技能确定薪酬水平都是一个必须遵循的宗旨。

9.4.4　促进员工技能的提升

前面已经强调，技能薪酬体系的核心是员工技能，基于此，提升员工技能就成为企业的一个重要战略。实际上，对于企业来说，提升员工技能不能只体现在观念上，更关键的是要体现在薪酬上，即从整体薪酬中拿出一部分，作为激励员工提升技能的投入。

更进一步来说，在技能薪酬体系下，招聘、培训、绩效考核等工作都应该以员工技能为基础，甚至要在企业内加强技能学习建设，以提升所有员工的技能水平，最终促进企业核心技能的形成。

随着企业的发展壮大，企业的战略、业务会有很大转变，核心技能要求也在持续更新。基于这种情况，企业有必要在技能薪酬体系中及时更新技能要求。与此同时，也要定期对员工的技能进行测定与评估，以此来保证技能薪酬体系的合理性和有效性。

9.4.5　案例：三星的薪酬管理模式

三星成立于 1938 年，创始人是李秉喆，它是一家家族企业，也是韩国最大的跨国企业。最初，三星主要经营的业务是干鱼、蔬菜、水果的出口，到 20 世纪 50 年代，其业务开始向制糖、制药等制造业拓展，并在这个时期确定企业实行家族制。经过 80 年的发展，三星已经成为一家经营业务涉及电子、金融、机械、化学等领域的在全球 500 强中排名前 50 位的企业。而这样规模的企业，它的薪酬管理模式是怎样的呢？这里从薪酬福利和绩效考核这两个方面来窥探一下三星的薪酬管理模式，从中找寻它成功的原因。

首先是绩效考核制度。

三星集团是世界上所有企业中在薪酬管理中最重视绩效考核的企业之一，三星还为此制定了一个必须遵循的原则，那就是"按能力区分人才，凭业绩回报人才"。三星非常重视对员工的绩效考核，对员工的日常考核比较频繁，而且建立了按实际工作业绩确定薪酬的薪酬制度。每个部门每半年对部门内员工开展一次评价，并根据实际的产出效益和资金流动等因素划分为三个类别 27 个等级。而且每次考评会评选出最优秀的员工和最差的员工，最优秀的员工可以获得年终奖，最差的员工则扣除一定额度的薪资。

从三星的绩效考核可以看出明显的结果导向，目的性非常明确，这样可以效率最大化地实现公司的经营目标。同时比较严苛的考评和筛选制度，能够使得员工在其中更好地成长和发展。

其次是薪酬福利制度。

从三星的绩效考核制度来看，过于严苛和理性，虽然能够提高效率，而员工的精神承受压力也比较大，这在员工的稳定性上可能会存在一些问题。不过，三星在薪酬福利上的设计弥补了这方面的缺陷。

三星实行的是高薪酬待遇和高福利的保障和激励措施。在前面的章节中讲到，薪酬额度的结构常常表现为金字塔型，而三星的薪酬额度的层级布置上却不是金字塔型，因为最低额度的薪酬比重比较低，只占据 4%，而最高层级的薪酬甚至达到 13%。这就意味着三星给大部分员工提供了高于市场同期水平的薪酬待遇。在福利上，除了在前面的章节中提到的常见福利，三星的员工可以优惠购买三星的产品，而且有最便捷的通道来获得最新产品。这种薪酬和福利模式能够缓解高强度的绩效考核给员工带来的压力，增强员工的归属感和稳定性。

第 10 章

薪酬调控：预算
＋控制＋调整＋
沟通

在薪酬管理的过程中，薪酬调控是必然会经历的一个环节。因为企业内部的经营状况、战略目标、人员配置、管理结构等都会发生变化，与此同时，企业外部的市场环境、竞争对手、劳动力供求关系等也都在时刻变化着，这些都会影响到企业的薪酬，所以为了适应这种变化，企业必须对自身的薪酬进行随时调控。

薪酬调控一般包括四个方面，即薪酬预算、薪酬控制、薪酬调整和薪酬沟通，这四个方面可以看作一个有机的整体。其中，薪酬预算是薪酬调控的初始环节，主要是计算企业来年的薪酬支出总额及薪酬在各个部门间的具体分配；薪酬控制则主要表现在对总体薪酬成本的控制上，主要目的是节约企业开支；薪酬调整主要是对企业的薪酬水平、薪酬结构、薪酬构成等方面进行调整，主要是为了保障薪酬体系能够更加适应企业的内部发展和外部竞争；薪酬沟通则是企业管理者与员工就薪酬的具体实施进行沟通，从而使企业的薪酬战略可以得到员工的认可。

10.1　薪酬预算的确定方法

薪酬预算是企业根据薪酬支出、具体收益、薪酬战略等要素，为下一年的薪酬支出总额、增长或减少的区块和额度、具体的薪酬分配作出预先的安排。一般来说，薪酬预算有两种常用的方法：一种是基数增长法，另一种是具体测算法。

其中，前者是管理者对企业的业绩指标和薪酬走向作出预测，并计算出预算额度，然后按照比例分配给各个部门，各部门再负责具体落实到每个员工身上。后者则首先从各部门开始，由人力资源部门根据企业经营目标、各部门人员配置、当前薪酬水平、劳动力市场状况、各部门建议等确定出各部门的人员配置和薪酬水平，然后通过每个部门的数据汇总，最终得出薪酬预算结果。

10.1.1　基数增长法：自上而下

基数增长法又被称为自上而下的方法，如果通过这一方法来确定薪酬预算的话，一般需要从以下三个方面着手，如图 10-1 所示。

确定薪酬总额　确定薪酬增长幅度　分配薪酬预算

图 10-1　用基数增长法确定薪酬预算

1. 确定薪酬总额

确定薪酬总额的常用方法一共有三个。第一个是从成本出发，计算出薪酬成本在企业总成本中的比重，然后通过对行业情况和自身特点的比较，对其不断进行调整。要知道，不同行业的薪酬成本支出比重都是不同的，如高科技行业和劳动密集型行业，在成本支出比重上就有非常明显的差异。

第二个是根据销售额确定适当的薪酬比率，该销售额与销售比率的乘积就可以作为薪酬总额。当然，薪酬比率的确定不仅能以往年的营收和分配情况为基础，也可以从同类行业那里借鉴，这是一种比较简单的方法。

第三个是从分配环节入手，计算出净产出在资本和人力资源之间的分配比率，然后依据这一比率，计算出应该用于人力资源薪酬分配的额度。

2. 确定薪酬增长幅度

薪酬增长幅度的确定也可以从三个方面入手。一是根据绩效考核结果来确定薪酬增长幅度。例如，绩效考核结果是优秀，可以按照 8% 的比例增加；绩效考核结果是良好，则按照 5% 的比例增加；其余的则不予增加。

二是确定最高和最低的薪酬增长幅度。例如，最低薪酬增长幅度为 1%，最高薪酬增长幅度为 8%，这对于那些绩效考核体系还没有完善的企业非常适用。

三是利用绩效考核结果分布来确定薪酬的增长幅度，即根据绩效考核结果建立分布图，然后再依据某一绩效水平的员工比例来计算增加薪酬的员工比例。

3. 分配薪酬预算

就薪酬预算的分配而言，首先应该知道的是，薪酬预算以部门为单位进行分配；其次，在薪酬预算总额已经计算出之后，需要对各部门的贡献进行分析；最后，根据计算出的各部门的贡献确定具体的分配比例。部门内部的具体分配要依据不同岗位的层次和等级进行差异化分配。

另外，在分配薪酬预算的过程中，基本薪酬、绩效薪酬、福利薪酬和补偿薪酬等各类薪酬的分配都要以贡献和价值为基础。

10.1.2 具体测算法：自下而上

具体测算法又被称为自下而上法，与基数增长法相比，这一方法更为具体。进一步来说，在操作上，具体测算法主要是各部门根据员工的具体情况，对下一年的薪酬作出预算，最终得出数据统计结果，并以此计算出企业大致的预算总额。除此之外，部门管理人员还会以企业的经营状况、薪酬战略及外部市场的具体行情为依据。

对于自下而上的薪酬预算来说，最重要的一个环节就是对员工的薪酬进行预测，而人力资源管理人员要想把该环节做好的话，必须对员工的具体情况进行详细了解，包括往年的薪酬水平，个人的发展情况、最近的状态等。然后在此基础上为每个员工制作一张个人薪酬发展变化表，计算出大致的增长额度与时间的关系，以此作为员工下一年薪酬水平的依据。人力资源管理人员可以把各部门员工的薪酬预算总额计算出来，并将所有部门的数据进行整合，就可以得到整个企业的薪酬预算总额。

当然，除了预测员工的薪酬变化外，一些重要的内外部因素也是不可以忽视的。首先是内部因素，在人力资源管理人员对员工薪酬进行预测的过程中，企业内部各因素都比较稳定是一个非常重要的前提条件，但不得不承认的是，有时企业的战略会发生变化。

以京东为例。在最开始的时候，京东非常重视一线员工的薪酬待遇，后来因进入业务快速拓展期而转变薪酬战略，对核心员工的薪酬待遇进行优化。在这种情况下，京东的人力资源管理人员要想计算员工的薪酬预算，那就必须把这一因素考虑进去。

除了内部因素以外，人力资源管理人员还要考虑到某些外部因素。如市场行情、员工供需现状等。在 2017 年的时候，新媒体运营专员成为一项非常稀缺的人力资源，于是这一岗位水涨船高，薪酬水平大涨。但是当新媒体的红利期过了以后，情况肯定会有很大不同。因此，人力资源管理人员在薪酬管理方面就需要对这类员工的薪酬预算进行有预见性的调整。

当然还有相反的情况，即某一类人才可能会越来越紧俏，以人工智能人才为例，该类人才很可能会因为人工智能的不断发展而逐渐紧俏。也就是说，人力资源管理人员在为该类人才进行薪酬预算分析时，同样要有预见性地予以调整。

10.2　薪酬控制的途径

薪酬控制指的是企业通过对薪酬总额进行测算和监视，把薪酬总额控制在一个适宜的水平，从而有效避免企业财务负担的增加。那么，要把薪酬总额控制在一个适宜的水平，在操作上应该如何进行呢？

首先要考虑员工的总数。因为员工过多，薪酬总额就会有所增加。其次，因为薪酬总额与员工的工作时长息息相关，所以也应该控制工作时长。再次是考虑薪酬体系的调整。例如，将总体薪酬水平降低，调整各类薪酬在构成上的比重等。最后是在技术层面上进行控制，如成本分析、薪酬比较率等。

10.2.1 控制雇佣量

企业 A 的主营业务是人文社科类图书的销售，随着电子书的崛起，该企业的销售额变得越来越低，财务能力也日益捉襟见肘，而且还在员工的薪酬支付上遇到了困难。为了缓解这种现状，企业 A 决定进行裁员，只把那些工作效益高的人员留下。实际上，企业 A 的做法是比较常见的，但除了这种做法以外，似乎还有更有效的两全其美的做法。下面以保险企业为例对此进行详细说明。

小王在一家保险企业工作，刚入职的时候，每周只能休息一天，而且还经常加班，但因为加班费比较可观，他也没有太多的怨言。不过后来这家保险企业做了一件比较不好的事情，不仅影响了自己在当地的口碑，也导致业务数量出现了明显的衰退。

该保险企业因为考虑到员工对业务的熟悉程度及经营状况回转的可能性，没有采用裁员的做法来应对这一局面，而是把每周的工作时间缩短，并取消了加班制度。这种做法不仅帮助保险企业暂时减轻了财务负担，而且还使经营状况有了明显回转，更重要的是，避免了缺少员工的麻烦。

其实，从上述两个案例不难看出，企业进行雇佣量控制的常用方式主要有以下两种，如图 10-2 所示。

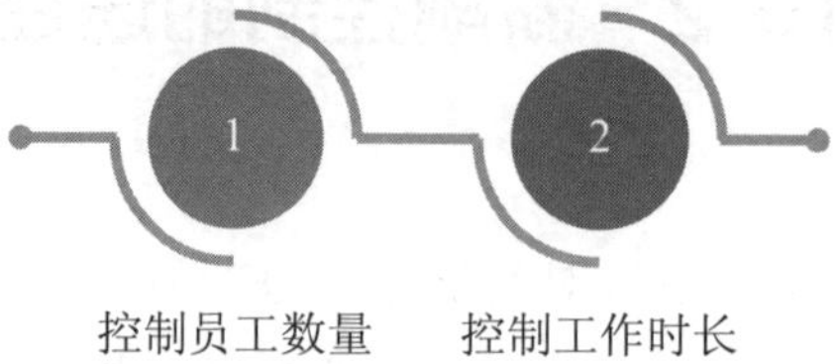

图 10-2　企业进行雇佣量控制的两种常用方式

1. 控制员工数量

前面企业 A 案例介绍的主要是企业在经营状况不佳的时候，为了减轻财务负担而进行的员工数量控制，这是一种比较消极的应对方式。其实这种方式在实际运用上还可以更积极，并表现出可预见性。例如，在薪酬确定的初期，可以根据企业的实际规模、员工的工作效率、业务的未来发展等因素，合理确定员工的薪酬总额。

2. 控制工作时长

这种方式主要针对的是那些采取计时工资制的企业，不过在某种程度上，也适用于采取其他工资制的企业。以上面提到的保险企业为例，该企业减少工作时长的主要原因是市场需求疲软。同样地，那些以计件工资制或绩效工资制为主的企业，如果面临市场需求过低的情况，那么即使产出方面没有问题，也会带来产品的大量积压和财务负担的不断加重。因此，这就需要企业根据市场需求预测以及实际订单，组织实际的计件工作。

🔘 10.2.2　调整平均薪酬水平及薪酬体系构成

除了控制雇佣量以外，调整平均薪酬水平及薪酬体系构成也是薪酬控制的重要途径。以 A 企业为例，该企业是国内一家规模处在中等水平的信息技术企业，其经济实力远不如华为、中兴、方正、清华同方这些处在信息技术行业尖端的企业。所以在薪酬策略上，A 企业采用的不是市场领先型，即网络工程师的薪酬水平要远低于这些企业。

另外，在薪酬构成上，A 企业基本薪酬的比重也要远高于绩效薪酬等激励性薪酬的比重。因为该企业还处在一个平稳的发展期，没有能力与那些一流的信息技术企业抗衡，所以在薪酬构成上，主要通过提高基本薪酬的比重来把员工的薪酬水平维持在一个适当的范围，从而增加员工工作产出的持续性和稳定性。

在福利待遇上，例如，五险一金的缴纳、其他补贴的发放等，A 企业也不如那些一流的信息技术企业。之所以会如此，主要就是因为该企业的经营战略不是在快速发展中赶上乃至超过那些一流的信息技术企业，而是通过节约成本进一步推动经营范围的扩大。

从上面的案例可以看出，企业要想从薪酬本身入手进行薪酬水平调整，可以使用以下三种方法，如图 10-3 所示。

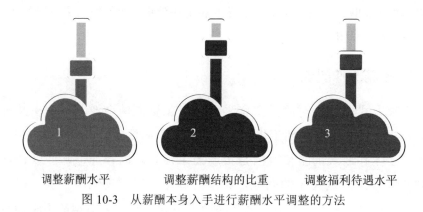

调整薪酬水平　　　　　调整薪酬结构的比重　　　　调整福利待遇水平

图 10-3　从薪酬本身入手进行薪酬水平调整的方法

1. 调整薪酬水平

调整薪酬水平的主要依据是企业目前的薪酬战略和财务能力。例如，如果企业追求的是稳定发展，就无须用较高的薪酬水平来达到吸引人才的目的。或者是企业已经发展到成熟阶段，具有较强的竞争力，并且薪酬战略的目的是进一步提升效益，那么也可以适当地降低薪酬水平。

2. 调整薪酬结构的比重

企业在进行薪酬结构的比重设计时，必须要以自身的实际情况为基础，这样有助于节省成本。例如，在某家企业，大多数员工的绩效都很一般，而该企业在市场需求方面也不追求更高的绩效水平，那么这种情况下，该企业如果采取降低基本薪酬比重，提高绩效薪酬比重的做法，就可以节约一大笔薪酬支出。

3. 调整福利待遇水平

除了五险一金这种企业必须承担的法定福利外，企业在福利类型上的选择还有很多。例如，有些企业为了吸引人才，会有六险一金乃至七险一金；有些企业还会提供年终分红、年中旅游、免费培训。不过，企业要想把薪酬控制在一个合理水平，必须谨慎地选择福利类型，切忌盲目跟风。

🔖 10.2.3　利用薪酬技术

除了以上两个途径以外，企业还可以适当地利用薪酬技术对薪酬进行控制，具体可以从以下三个方面进行详细说明，如图 10-4 所示。

图 10-4　常用的薪酬控制的管理技术

1. 薪酬比较率

薪酬比较率是企业为了提高薪酬的外部竞争性，以及合理控制薪酬总额而采用的一种薪酬技术。在操作上，用某企业某一岗位的薪酬水平除以市场上相同岗位的平均薪酬水平，得到的数值就是薪酬比较率。这个数值通常以 1 为基准，小于 1 表示企业薪酬水平低于市场平均薪酬水平，大于 1 则表示企业薪酬水平高于市场平均薪酬水平。

以华为为例，对于较低层级的员工来说，薪酬比较率和市场同层级的水平差别不大，到了较高层级，薪酬比较率的数值就达到了 1.17。这也就意味着，层级越高的员工，在企业中的地位就越重要，对企业做出的贡献就越大，与此同时，薪酬水平也理应适当地高于市场薪酬水平。

薪酬比较率可以帮助企业清楚地判断内部薪酬水平与市场薪酬水平的对比情况，并在此基础上制定出符合自身薪酬战略的薪酬水平。这样不仅能避免企业花费过高的薪酬成本，还能有效提升企业在薪酬水平方面的竞争力。

2. 成本分析

薪酬成本的大小是相对的，因为如果薪酬成本在增加，而薪酬成本与收益的比值没有变化，甚至再缩小的话，就无须控制薪酬成本。另外，要知道，通常在季度末尾或年度末尾的时候，薪酬成本与收益之间的比值才可以明确，而企业要想在平时也保证投入和产出具有较高的效益，就需要进行成本分析。

对于一个企业而言，成本分析涉及的方面有很多，如原材料成本、房租成本、管理成本等。而在薪酬控制中主要考虑的是员工的薪酬与产出分析，通过分析结果，可以根据员工的产出值对其薪酬水平进行合理的调整。

3. 最高薪酬水平控制

在前面的章节中已经讲到，较高薪酬水平是职位薪酬体系设计的一个前提条件。因为只有薪酬水平足够高，较多的职级才可以有保证，职位薪酬体系的激励作用才可以发挥。但是，较多的职级和较高的薪酬水平也为企业带来了一些问题，其中比较突出的就是薪资成本的大幅度增加。因此，企业要想合理控制薪酬的话，必须让最高薪酬水平保持在合适的范围内，这样就可以适当减少各职级间的薪酬差距，进而减少薪酬成本。

10.3　薪酬调整的方式

薪酬是企业经营管理过程中的一个重要环节，具有灵活性、适应性等特征，所以说，薪酬并不是一成不变的，应该要及时地进行调整。通常情况下，薪酬调整的原因可以分为两个方面：一是外部环境的变化，二是内部调整需求的出现。

其中，外部环境的变化包括物价水平、市场薪酬水平等的变化，而内部调整需求则主要包括薪酬战略变化、管理方式变化、员工工作能力变化等。另外，在薪酬调整的方式上，一共有三种，分别是薪酬水平调整、薪酬结构调整和薪酬构成调整。接下来，本节将对这些问题加以详细介绍和分析。

10.3.1　薪酬水平调整：方式 + 方法

有很多企业的人力资源管理人员在薪酬管理中，对薪酬调整把握不好，导致很多不公平现象的出现，也导致员工的抱怨。我曾在给某信息研发企业的员工做培训时，碰到过一名叫李丽的人力资源管理人员，她在薪酬管理上出现了很多失误，尤其是在薪酬调整这一部分。

一般来说，员工随着职位的上升或者个人能力的提升，是可以调整薪酬的，但是李丽对于薪酬调整并不熟练。我问她："你知道薪酬应该如何进行水平调整吗？"李丽摇了摇头。那么，薪酬水平调整都有哪些方式呢？人力资源管理人员又该如何进行薪酬水平调整呢？接下来，我为大家分享我的经验。

人力资源管理人员在调整薪酬时，需要在薪酬结构、等级要素、构成要素等不变的情况下，调整薪酬结构上每一个等级或要素的数额，达到内部一致或者外部竞争平衡。那么，薪酬水平有哪些调整方式呢？如图 10-5 所示。

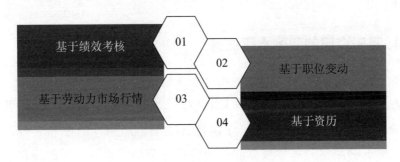

图 10-5　薪酬水平调整的方式

1. 基于绩效考核的薪酬水平调整

基于绩效考核的薪酬水平调整要在考虑员工利益的前提下进行，即保证调整额对于员工来说是有利的。除此之外，还应该考虑员工在企业工作时间的长短，可以把薪酬水平范围的中点薪酬作为一个"控制点"薪酬，来满足企业的普通员工期望的薪酬水平，薪酬额的最低限度则由员工在企业的时间长短来决定。第三个应该考虑的是薪酬调整的公平性问题，不要对员工的相对薪酬差异造成太大的影响。

2. 基于职位变动的薪酬水平调整

在企业中，如果一个员工因为表现优秀得到了晋升，那么，再用之前的指标对其进行职位评价就不太合适了。这也就表示，职位评价指标需要随着员工职位的变动而变动。与此同时，员工的薪酬指标也需要做相应的调整，不能再用原来的薪酬指标来计算员工的薪酬。总而言之，职位变动需要对薪酬水平进行调整，这种调整方法与职位定价调整的方法相同，也是对员工的薪酬按照职位重新定价。

3. 基于劳动力市场行情的薪酬水平调整

薪酬水平调整也可以根据市场行情来进行，即企业的薪酬水平与市场的薪酬水平保持一致。通常情况下，人力资源管理人员会对市场的薪酬水平进行深入调查，然后让企业的薪酬水平与市场的平均薪酬水平保持一致。或者建立一个标杆职位的薪酬水平，然后根据相对价值调整其他职位的薪酬水平。

4. 基于资历的薪酬水平调整

基于资历的薪酬水平调整是通过永久性地提升薪酬水平来激励员工，这种方式能够巩固员工获得的知识和技能。通常而言，基于资历的薪酬水平调整方式一共有四种类型，分别是直线型、凸型、凹型和 S 型，而究竟选择哪一种类型则需要根据职位的性质、劳动特点及企业的经济实力来决定。

上面介绍的是薪酬水平调整的四种方式，那么，薪酬水平调整又有哪些方法可以使用呢？主要包括以下三个，如图 10-6 所示。

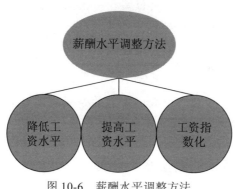

图 10-6　薪酬水平调整方法

1. 降低工资水平

随着经济的发展和物价的提高，工资水平也呈现出上升的趋势。通常情况下，同一岗位的工资水平应该是只升不降的。如果企业的工资总额增加，就会造成实施绩效工资制的企业难以运转，因为企业的工资成本大幅度上升，就很难给表现优秀的员工更多奖励，企业的激励机制也就难以发挥真正的作用。对于一些经营不佳的企业来说，通常会在薪酬管理上采取降低工资水平的方式来帮助企业渡过难关。

（1）短期降低：短期内冻结员工的工资，延迟发放工资，暂停发放一些生活补贴等。

（2）长期降低：企业通过解雇一些高管或者让这些人提前退休；缩短员工的假期，让员工进行一些无偿性的加班；降低员工的福利标准；缩减企业的非经营性支出；调整员工的奖金计划，将薪酬结构与激励奖励联系起来。

2. 提高工资水平

企业提高员工的工资水平时，一般会从以下四个方面着手。

（1）奖励性调整：对企业内表现优秀的员工给予加薪奖励。

（2）生活指数调整：物价上涨导致员工的实际收入水平下降，企业给予员工物价补贴，提高员工的工资水平。

（3）效益性调整：随着企业效益的增加而提高员工的工资水平。

（4）工龄性调整：员工在企业内工作了一定时间，成为老员工，工资会随着员工的工龄增加而增加。

3. 工资指数化

工资指数化是指员工的工资与生活中的物价挂钩。具体的做法是在员工的工资表上，只列出等级工资指数，然后用等级工资指数乘以最低生活费得出实际工资，这里应该注意的是最低生活费会根据物价的变化而变化。

实行工资指数化就是为了减少由于物价上涨对员工造成的不利影响。总而言之，人力资源管理人员应该做到对员工的工资进行物价补偿，根据物价指数相应地调整工资，使工资的上涨水平高于物价上涨的水平。

🔲 10.3.2 薪酬结构调整：调整各岗位工资基准等级

从现阶段来看，可能是出于市场形势的需要，又可能是出于自身发展战略的变化，许多企业都面临着转变组织结构的问题。具体而言，将组织结构从原来的金字塔型向扁平化型转变，当然，这也意味着企业中职位层级的大幅减少。

另外，还有一种情况是企业内部的职位层级并没有出现变化，但劳动力市场出现了变化，例如，特殊人才紧缺，竞争对手薪酬水平有提高。这时，如果企业想要维持竞争力的话，就需要调整各职位层级间的薪酬差距。

当出现上述情况的时候，许多人力资源管理人员都会像前面提到的李丽那样，缺少经验和应对策略。那么，如果真的需要对薪酬结构进行调整的话，人力资源管理人员具体该如何操作呢？一般可以从以下几个方面入手，如图 10-7 所示。

薪酬职等数量调整　　薪酬职级数量调整　　薪酬职等薪差调整　　薪酬职级薪差调整

图 10-7　用于薪酬结构调整的四种策略

1. 薪酬职等数量调整

薪酬职等划分的内涵是将企业的薪酬水平划分为几个等次（一般为六个左右）。通常来讲，职等的划分是从整体上确立企业的薪酬水平，在具体操作时可以先完成第一等和最后一等的设计。

这里以六等为例，先将第一等设计为 23 000 元，将第六等设计为 6 000元，然后其他四等的设计就会相对容易一些。当然，如果企业出于自身战略调整的考虑，需要提高薪酬的外部竞争力，那么就应该适当提高第一等和最后一等的薪酬水平；又或者企业有相反的战略调整需求，也可以将这两个等级的薪酬水平调低。

2. 薪酬职级数量调整

薪酬职等是从整体上为企业的薪酬水平确立依据，薪酬职级则是在每一等级中进行更为细致的层级划分。一般来说，职级数量的确定主要以同一等级中各员工之间的差异为基础。如果差异不大的话，那么每一等级的职级过多就会增加薪酬成本，而如果情况相反，则可以适当增加职级。

3. 薪酬职等薪差调整

前面已经提到薪酬职等数量调整，包括确定第一等和最后一等的数额。在进一步的操作中，则需要确定相邻等次之间的薪差，比如第一等和第二等之间的薪差，第二等和第三等之间的薪酬。具体该怎样做呢？需要科学地区分不同等次之间创造价值、岗位职责等的差距，然后据此进行薪差调整。

另外，企业经常会遇到这样几种情况：某一等次的员工创造出更多的价值，高端人才紧缺，普通员工过剩，某一等次的员工对现有薪酬不满意等。这时，企业也需要对相应等次的薪酬额度作出调整以适应变化。

4. 薪酬职级薪差调整

薪酬职级薪差调整是薪酬职等薪差调整的细化，往往需要细化到每一等次内部和每一不同级别。另外，如果某一等次的员工数量较多，并且员工的工作能力还具有较为明显的区分度，而企业却既想发挥职级薪酬的激励作用，同时又希望降低薪酬成本，这时就可以通过适当减少职级薪差来实现。

🖼 10.3.3　薪酬构成调整：调整固定工资、奖金等比例

有的企业在发展中还会遇到这样的问题，例如，A 企业是一家文化创意企业，主营广告、宣传等业务，而且因为该企业做出的广告非常有创意，所以业务量蒸蒸日上。但是，在管理者对企业的发展前景充满期待之际，有几个从事创意文案的员工突然提交了辞职申请。后来，经过一番了解，A 企业的人力资源管理人员弄清了这几个员工的辞职原因，那就是企业的盈利越来越丰厚，但给员工的都是基本薪酬，既没有激励薪酬，也没有福利。

由此可见，人力资源管理人员在进行薪酬管理时要对薪酬构成进行调整，这样才可以留住员工并激发员工的积极性和主动性。那么，薪酬构成具体应该如何调整呢？一般需要从以下四个方面着手，如图 10-8 所示。

图 10-8　薪酬构成调整的四个方面

1. 调整基本薪酬

前面已经提到，基本薪酬主要由基础工资、职位工资、工龄工资、技能工资等几个部分构成。一般来说，基本薪酬是充分考虑员工和岗位两个方面的因素后，依据市场薪酬水平制定出来的，其目的是维持岗位的正常运转和支付员工的劳动。而物价水平、员工技能水平、岗位创造价值等因素都处在不断的变化中，因此基本薪酬也需要作出适当的调整。

2. 调整补偿薪酬

补偿薪酬往往通过加班费、津贴、补助等形式发放，主要目的是对员工额外付出的劳动进行补偿。例如，员工加班的频率比较高，那么企业除了支付加班费，还可以进行其他类型的补偿。比如，实行三班倒制度的企业，即使上晚班不属于加班，但对上晚班的员工也应该进行适当的补偿。

3. 调整激励薪酬

激励薪酬是企业为了有效激励员工而发放的薪酬，就像上文提到的文化创意企业，正是因为忽略了激励薪酬的作用，员工才产生了懈怠心理，提出辞职请求。这也就表示，在进行薪酬管理的过程中，如果企业正处于快速拓展期的话，难免会需要员工高效率地工作，此时应该在薪酬构成中适当增加激励薪酬的比重。

4. 调整福利

福利具有保障性和激励性的双重功能，例如，保险、医疗、身体检查等就具有保障性功能，而年中旅游、部门聚会等则具有激励性功能。保障性功能能够维持员工的稳定，使企业得以持续运转，而激励性功能则能够激发员工的工作积极性。

实际上，在薪酬构成中，福利的比重是比较小的，而且和另三个部分相比，福利具有纯支出的意味。因此，只有那些规模较大、发展持续稳定、经营状况蒸蒸日上的企业才会在薪酬构成中适当增加这一比重。

:::::::::: 10.4　薪酬沟通的方式 ::::::::::

薪酬沟通，是指企业为了实现自身的薪酬战略目标，通过某种途径或方式在互动中将与薪酬相关的信息传递给员工，并获得理解和支持的过程。值得注意的是，这里所说的与薪酬相关的信息主要包括企业薪酬战略、薪酬结构、薪酬水平、薪酬构成等。另外，在方式上，薪酬沟通常用间接沟通和直接沟通两种方式。

实际上，薪酬沟通是薪酬管理的一个重要组成部分，可以在与员工就薪酬实现互通的情况下，有效激发员工的工作积极性。但目前的情况是，很多企业都没有对其提起足够的重视，即使有也可能只是流于形式（如只是用口头或书面的方式告知员工薪酬调整的具体情况）。所以本节将重点分享一下薪酬沟通的方式和要点。

🏃 10.4.1　间接沟通：将薪酬设计理念导向以书面形式公布

间接沟通是指薪酬管理者不与员工进行面对面交流，而是借用纸质印刷品、电子网络等媒介将与薪酬相关的信息传递给员工。其中，纸质印刷品、电子网络还可以继续细分为多种形式，如表 10-1 所示。

表 10-1　纸质印刷品、电子网络细分表

纸质印刷品	电子网络
薪酬福利手册	电子邮件
宣传单	微信
备忘录	QQ
	微博
	线上交流平台

在纸质印刷品这一项，不同的细分形式也发挥着不同的作用。例如，宣传单可以起到宣传的作用，同时也可以帮助企业向员工传达薪酬体系、发展理念、企业文化等重要内容；而薪酬福利手册则是把与薪酬福利相关的细节通过手册的形式对员工开放，供员工随时查阅。

在电子网络这一项，企业最常用的是电子邮件和线上交流平台。因为企业的薪酬管理制度一般都具有保密性，而无论是微信、微博，还是 QQ，都具有公开性质。一般来说，企业在完成薪酬调整之后，可以将薪酬调整的原因、新的薪酬管理制度、背后的激励机制、市场上的薪酬情况等重要信息通过邮件的形式向员工传达。当然，企业也可以将这些信息放置于线上交流平台，以便员工随时查阅。

在进行薪酬沟通时，间接沟通可以体现出很多优势。首先是节约时间，薪酬管理者无须与员工面对面交谈，这样就省去了很多时间，并且这些时间还可以用来完成别的工作，从而使企业获得更多效益。其次是快速，尤其是电子网络，可以在很短的时间内把薪酬调整的具体情况传递给员工。最后就是方便，员工可以根据自己的需求随时查阅，无须每每遇到问题就向薪酬管理者询问。

当然，间接沟通也存在一些弊端。首先，薪酬管理者无须与员工进行面对面交谈，而在普遍的认知中，这是不被重视的表现，因此与薪酬相关的许多信息可能会遭到员工的漠视，从而导致薪酬调整预计要达到的目标无法实现。其次，薪酬管理者无法准确地接收到员工对调整后薪酬的真实反应，而且缺乏与员工进行直接沟通的渠道，没有办法倾听员工的意见，容易造

成新的薪酬在执行反馈阶段出现严重问题。

10.4.2　直接沟通：管理者与员工谈话沟通

在薪酬沟通的方式中，除了上面提到的间接沟通以外，还有直接沟通。直接沟通是薪酬管理者与员工进行面对面交谈，并在此过程中将薪酬调整的相关信息传达给员工，同时还要观察员工的反应，倾听员工的意见。一般来说，直接沟通可以通过以下三种形式进行，如图 10-9 所示。

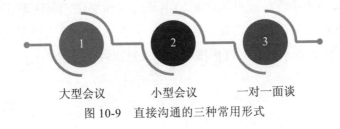

图 10-9　直接沟通的三种常用形式

1. 大型会议

大型会议的标准可以用三个维度加以界定，即时间、人数和规范程度。首先在时间上，大型会议的召开时间往往都超过一小时；其次在人数上，一般超过二十人；最后在规范程度上，往往会有主持人和引导人，而且主题明确，发言正式。

大型会议能让员工感到薪酬沟通的重要性，帮助企业将薪酬调整背后的战略意图更加深刻地传达到员工心中，从而进一步推动薪酬调整背后战略目标的实现。大型会议因为时间较长，人数较多，所以只需要召开一次就可以把与薪酬相关的所有信息传递给员工，达到短时间内周知的目的。另外，大型会议还有利于充分获取员工对新薪酬的真实反应，有效听取大多数员工的意见。

2. 小型会议

与大型会议相同，小型会议也可以用时间、人数和规范程度来加以界定。一般来说，小型会议的召开时间应该在一个小时以内，人数在十五人以下。

流程也比较随意。这类会议的优点是可以随时召开，也可以临时通知，无须进行事前的精心准备，能够有效节省时间和人力成本。

另外，因为小型会议的人数比较少，所以薪酬管理者能够更清楚地了解员工对新薪酬的态度。又因为流程比较随意，所以员工不会像参加大型会议那样拘谨，可以畅所欲言，薪酬管理者也可以获得更为真实的员工意见。

3. 一对一面谈

一对一面谈是非常有效的，不仅可以帮助薪酬管理者弄清每个员工对于薪酬的反应和期待，还可以区分出不同岗位和层级的员工对于薪酬的不同反应与期待，从而帮助企业完善薪酬的个性化设计。这种形式的缺点是耗时太长、人力成本太高、宣传推广太难、适用性太差等。

第 11 章

不同岗位的薪酬
体系设计

在任何一个企业当中，都会存在各种各样不同的岗位，而这些岗位又可以被分为两大类：一类是主要岗位，另一类是职能岗位。通常情况下，为了保证内部的公平性，不同岗位的薪酬体系设计都是不同的，本章就是对这部分内容的详细介绍。

:::::::::: 11.1　主要岗位的薪酬体系设计 ::::::::::

一般来说，主要岗位具体包括管理人员、销售人员、技术人员、生产人员所担任的岗位。既然是主要岗位，那么对企业一定有非常特殊的意义和作用。因此，作为企业的薪酬管理者，人力资源管理人员必须为这些岗位设计科学合理的薪酬体系，以便促进各类人员的工作积极性，使企业长远健康的发展。

🖩 11.1.1　管理人员的薪酬体系设计

管理人员的职责一般是经营和管理，为了对这些管理人员进行相应的激励和约束，使其得到的薪酬与做出的贡献相匹配。通常情况下，企业会对管理人员用年薪为单位进行薪酬体系的设计。实际上，以年薪为单位的薪酬体系其实就是我们经常说的年薪制。

在年薪制当中，年薪一共由两个部分组成：一是基本年薪，二是效益年薪。这两个部分的比例可以根据企业的具体情况而决定。另外，还有一些企业会把股票期权、利润分红、福利等部分列入年薪制的薪酬范围内。

但总体来说，最普遍也最常用的还是由基本年薪和效益年薪组成的年薪制。

对于年薪制来说，基本年薪与效益年薪的比例设计是最关键的一个环节。一般来说，如果是比较注重激励的企业，可以把基本年薪的比例适当降低（30%～50%）；而如果是更加注重稳定性的企业，就可以将基本年薪的比例设定在 60%～70%。当然，不同级别与等别的管理人员，这两部分年薪的比例也是不同的，如表 11-1 所示。

表 11-1 年薪制中的薪酬比例划分表

级　　别	等　　别	管 理 职 位	基本年薪比例（%）	效益年薪比例（%）
高级	1	总裁	40	60
高级	2	高级副总裁	50	50
高级	3	副总裁	60	40
中级	4	一级部门经理	60	40
中级	5	二级部门经理	70	30
初级	6	三级部门经理	70	30
初级	7	四级部门经理	80	20

年薪制具有约束与激励并重的特点，其中，基本年薪满足了管理人员的生活需求，效益年薪激发了管理人员的主动性和积极性。另外，年薪制还可以将管理人员的利益和企业的利益紧紧联系在一起，并充分体现管理人员的工作特点。基于此，绝大多数企业在为管理人员设计薪酬体系时都会选择年薪制。

11.1.2 销售人员的薪酬体系设计

与管理人员相比，销售人员的薪酬体系设计要复杂一些，因为种类会比较多，主要包括纯底薪制、纯提成制、底薪＋提成制、底薪＋提成＋奖金制和底薪＋奖金制。接下来，以最常用的底薪＋提成制为例对此进行详细说明。

1. 确定底薪

在为销售人员确定底薪时，要以业务类型、销售产品类型、职位等级为基础。一般来说，业务越好开展，产品越好销售，职位等级越高，底薪就应该越高；反之亦然。下面是一个比较典型的底薪确定表，如表 11-2 所示。

表 11-2　销售人员的底薪确定表

职 位 等 级	销 售 职 位	底薪最低值（单位：元）	底薪最高值（单位：元）
一级	销售总监	7 000	8 500
二级	销售经理	6 000	7 000
三级	销售主管	5 300	6 500
四级	高级销售代表	5 000	6 000
五级	中级销售代表	4 500	5 300
六级	初级销售代表	3 000	5 000
七级	销售员	2 000	3 000

2. 设计底薪与提成的比例

顾名思义，在底薪＋提成制中，除了底薪以外，必须还要有提成，但很多人力资源管理人员并不知道这两个部分应该各占多少比例，其实它也和职位等级有很大关系，可以看一个具体的实例，如表 11-3 所示。

表 11-3　销售人员的底薪提成比例表

职 位 等 级	销 售 职 位	底 薪 比 例	提 成 比 例
一级	销售总监	30%	70%
二级	销售经理	40%	60%
三级	销售主管	50%	50%
四级	高级销售代表	60%	40%
五级	中级销售代表	70%	30%
六级	初级销售代表	80%	20%
七级	销售员	80%	20%

3. 选择提成考核指标

通常情况下，针对销售人员的提成考核指标主要有以下几大类别：销售收入额、销售合同额、销售毛利额、销售净利额、销售市场份额、销售增量等。当然，在正式考核的时候，还要将业务类型、销售产品类型等因素考虑进去，以便保证提成的公平公正。

在底薪＋提成制当中，上述三个环节最为关键，而且，底薪＋提成＋奖金制、底薪＋奖金制同样也是以这三个环节为基础。由此看来，为销售人员设薪酬体系并不非常困难，只要把握好核心就不会出现太大的问题。

🖋 11.1.3　技术人员的薪酬体系设计

与管理人员、销售人员相同，工程师、程序员、设计师等技术人员对企业也非常重要。一方面，他们担负着技术攻关和创新的重大责任；另一方面，他们是十分宝贵的战略资源，推动着企业的进步和发展。基于此，技术人员的薪酬体系设计便成为一个受到广泛关注的热点问题，同时也是人力资源管理人员不得不面临和应对的巨大挑战。

某互联网企业想要开发一款新的软件，便聘请了两位符合条件的程序员（分别为孙胜和王明亮），并每月为他们支付不低于 8 000 元的薪酬。但是，因为企业 A 的薪酬管理人员对编程工作一窍不通，关心的只是软件开发结果，所以只好要求孙胜和王明亮每天报告工作计划及软件开发进度。

就这样，时间过去了二个月，孙胜和王明亮已经满足了转正资格，但是他们的薪酬却成为一个不小的难题。一方面，员工想尽快转正增加薪酬；另一方面，薪酬管理人员不知道要如何设计薪酬结构。于是，在咨询机构的建议下，该企业的薪酬管理人员决定为孙胜和王明亮设计产值量化薪酬模式，如表 11-4 所示。

表 11-4　孙胜和王明亮的产值量化薪酬模式

程序员姓名	底　薪	软件维护产值	辅导产值	CRM 产值	官网开发	KSF 开发	合　计
孙胜	2 000 元	3 817 元	待完善	3 000 元	待计划	计划中	8817 元
王明亮	2 000 元	3 598 元	待完善	3 000 元	待计划	计划中	8598 元

通过表 11-4 可以知道，前面说到的不低于 8 000 元的薪酬，具体包括 2 000 元底薪、3 000 元 CRM 产值工资、高于 3 000 元的其他产值工资（软件维护产值、辅导产值等）。其中，底薪和 CRM 产值工资是固定不变的，其他产值工资是根据实际情况决定的（但无论如何不能低于 3 000 元）。

一般来说，程序员开发的软件越好，销售得就会越好，维护产值就会越高。与此同时，程序员拿到的软件维护产值工资也就会越高。在这种情况下，为了拿到高薪，程序员往往会自觉跟进和想办法满足客户提出的各种需求，而他们的这种做法也会为企业创造更加丰厚的收益和利润。

很早之前，适合技术人员的薪酬体系比较单一，但案例中提到的产值量化薪酬模式却可以成为这方面的一条新思路。因此，薪酬管理者在为技术人员设计薪酬时，不妨考虑一下产值量化薪酬模式，该模式不仅可以激发技术人员的工作热情，而且也更加适合互联网时代的发展趋势。

🖰 11.1.4　生产人员的薪酬体系设计

生产人员的薪酬体系相对比较简单，主要包括计件制和计时制两种。从现实情况来看，计件制要更加常用一些，通常以生产人员的生产数量为薪酬计算标准，而计时制的薪酬计算标准是生产人员的生产时间。

下面先来说计件制。计件制可以分为两种类型：一种是简单计件制，另一种是差别计件制。这两种类型的计算公式有很大不同。具体来说，前者的计算公式为生产人员薪酬＝产品生产数量×产品生产单价；后者的计算公式为生产人员薪酬＝标准产量×产品生产单价 A＋超额产量×产品生产单价 B。

再来说计时制。计时制同样也可以分为两种类型：一种是简单计时制，另一种是差别计时制。其中，前者的计算公式为生产人员薪酬＝固定月薪＋实际工作天数×日薪；后者的计算公式为生产人员薪酬＝实际工作天数×日薪＋加班小时数×时薪。

至于应该选择计件制还是计时制，则需要以企业实际情况为基础。如果是追求生产效率的企业，就应该选择计件制，以便充分激发生产人员的主动性和积极性；如果是临时工比较多，并且经常加班的企业，就应该选择计时制，以便进一步提升公平性。

:::::::::: 11.2　职能岗位的薪酬体系设计 ::::::::::

除了主要岗位，企业中还存在一些必要的职能岗位，主要包括财务人员、行政人员、人力资源管理人员担任的岗位。对于薪酬管理者来说，这些岗位的薪酬体系设计同样非常重要。至于具体应该如何操作，则是本节要重点阐述和讲解的内容。

ⓡ 11.2.1　财务人员的薪酬体系设计

在企业中，财务人员的薪酬基本上是固定的，并且调整薪酬的周期大概在一年左右，而到了需要调整薪酬的时候，应该是增加还是减少，具体的数额是多少，则更是一件很难抉择的事情。对于财务人员来说，薪酬当然是增加得越多越好，但对于企业来说，就需要考虑很多方面的问题，如薪酬成本、内外部公平、财务人员的职业能力等。

张悦是一家互联网企业的人力资源管理人员，在为财务人员设计薪酬的时候，她遇到了难题。具体来说，因为这家企业规模比较大，所以有很多财务工作需要完成，在这种情况下，张悦不仅需要对财务人员进行分工，还需要在分工的基本上设计出公平合理的薪酬。

面临着上述难题，张悦显得束手无策，于是就去询问总监的意见。总监告诉她，不妨尝试一下产值量化薪酬模式，即根据财务人员的具体工作情况（如工作内容、工作职责和工作结果等）进行薪酬的确定。随后，张悦采纳了总监的意见，着手进行产值量化薪酬模式的设计，如表 11-5 所示。

由此可见，设计的产值量化薪酬模式需要一定的专业技术，但只要设计好的话，就可以在很大程度上实现财务人员与企业的共赢。从财务人员的角度来看，如果工作没有做好的话，不会被降低薪酬，而是会被扣除相应的产值，充分体现了公平性；从企业的角度来看，不需要再为如何增加薪酬绞尽脑汁，可以将重点转移到增加价值点和产值项目上。

另外，在产值量化薪酬模式的助力下，加班工作、跨部门工作、复合型人才薪酬等问题都得到了有效解决。更重要的是，可以促使财务人员主动付出，认真工作。与上面提到的计件制、计时制、绩效薪酬相比，该模式要更加具有激励作用。

表11-5　财务人员的产值薪酬表

主要工作	一级财务 所得薪酬	二级财务 所得薪酬	三级财务 所得薪酬	四级财务 所得薪酬	五级财务 所得薪酬	六级财务 所得薪酬	七级财务 所得薪酬
基本资历	2 000 元	2 000 元	2 000 元	2 000 元	2 000 元	2 000 元	2 000 元
简单内表	1 000 元	1000 元	1 500 元	1 500 元	2 000 元	2 000 元	2 500 元
财务凭证	300 元	300 元	300 元	500 元	500 元	500 元	500 元
外表报税		500 元	500 元	800 元	800 元	1 000 元	1 000 元
税务筹划		200 元	200 元	300 元	300 元	500 元	500 元
资金规划			500 元	800 元	800 元	800 元	800 元
防损管控			300 元	300 元	500 元	500 元	500 元
成本管理				500 元	800 元	1 000 元	1 000 元
费用控制				300 元	500 元	500 元	500 元
政策优惠					300 元	300 元	300 元
预算管控					1 000 元	1 000 元	1 000 元
管理财务						1 000 元	1 000 元
经营分析						1 000 元	1 000 元
投融精算							1 000 元
投资操盘							1 000 元
总计	3 300 元	4 000 元	5 300 元	7 000 元	9 500 元	12 100 元	14 600 元

11.2.2　行政人员的薪酬体系设计

通常而言，行政人员是不直接参与一线工作的，但即便如此，他们依然举足轻重。可以说，行政人员有没有努力工作，会严重影响到企业的发展和进步。基于此，企业有必要为其设定科学合理的薪酬，具体可以从以下三个方面着手，如图 11-1 所示。

图 11-1　行政人员的薪酬设计要点

1. 明确薪酬设计的依据

明确薪酬设计的依据时，需要与企业的实际情况（如整体收益、发展阶段等）相结合，再参照行业水平进行综合考量。不仅如此，还要进行严格的岗位价值评估。只有这样，才可以在最大程度上保证薪酬的公平性。

2. 制定薪酬结构

与财务人员不同，行政人员的薪酬结构并不单一。首先，最基础的部分的是底薪（分别为晋升底薪和无晋升底薪）；其次，绩效薪酬；最后，激励薪酬，主要包括补充保险、团建活动、生活补助、无息贷款等。

3. 选择薪酬标准

为行政人员选择薪酬标准的时候，应该考虑以下几个方面：岗位级别、岗位价值、工作年限等。而且不同方向的行政人员，其薪酬标准必须有所不同。当然，除了薪酬标准以外，辅助标准也是十分重要的，应该结合出勤率、绩效表现等进行选择。

由此来看，行政人员的薪酬设计并不是非常复杂，只要掌握上述三个要点，绝大多数人力资源管理人员都可以做好。不过，从现阶段而言，行政人员的薪酬设计没有受到高度重视，这是非常错误的。要知道，行政人员在企业中扮演着中流砥柱的角色，如果不能把他们安抚好的话，企业的正常运营与未来发展都会受到影响。因此，人力资源管理人员必须在这方面多下功夫，争取为行政人员设计一个优秀的薪酬体系。

🈹 11.2.3 人力资源管理人员的薪酬体系设计

在职能岗位中，人力资源管理人员也是不能忽视的一个。作为薪酬体系的设计者，人力资源管理人员必须为每一类岗位都设计科学合理的薪酬体系，其中当然也包括他们自己。那么，人力资源管理人员的薪酬体系到底应该如何设计呢？其实也可以采取前面提到的产值量化薪酬模式。

之前，企业 A 的人力资源管理人员都是在拿固定薪酬，金额为 5 000 元，但在这样的薪酬模式下，人力资源管理人员不仅无法为企业招聘到足够且优秀的员工，而且还总是找各种理由推卸责任。于是，为了激发人力资源管理人员的工作积极性，企业 A 的薪酬管理者决定提升岗位薪酬水平，但依然没有取得非常好的效果。

无奈之下，薪酬管理者决定拿出最后的"王牌"——产值量化薪酬模式，即 3 000 元的底薪＋各项产值薪酬。其中，3 000 元的底薪应该不需要多说，大家都可以理解，所以下面着重说一说企业 A 各项产值薪酬，如表 11-6 和表 11-7 所示。

表 11-6 企业 A 的人力资源管理人员岗位产值薪酬表

产值项目	工 作 内 容	工 作 规 律	产值标准	计薪标准与操作		
岗位产值	修订与完善《员工手册》；拟定人事工作流程；制定内部管控制度	每月制订三项相关工作计划并报给上级审核	500元/月	一等	500元/月	完成三个计划并执行
				二等	400元/月	完成两个计划并执行
				三等	300元/月	完成一个计划并执行
	新员工培训；管理试用期员工；为培训合理调配资源	在员工入职的五个工作日内完成培训	200元/月	一等	200元/月	培训率达到100%
				二等	150元/月	培训率达到80%
				三等	100元/月	培训率达到60%
	拟定产值激励办法；发现并上报执行过程中出现的各种问题	每月制订两项相关工作计划并报给上级审核	300元/月	一等	300元/月	完成两个计划并执行
				二等	250元/月	完成一个计划并执行
				三等	200元/月	均没有完成，但已经在设计中

表 11-7 企业 A 的人力资源管理人员增值计划薪酬表

	工 作 项 目	工 作 规 律	产 值 标 准	
增值计划	新员工招聘	重点招聘绩效顾问、专业顾问	1 000 ~ 1 300元/月	结果导向，效果付费，为自己干，为自己增加薪酬。
	面试与入职引导	完成面试、入职办理和入职引导	600 ~ 1 000元/月	
	招聘成本控制与目标达成激励	控制全年的招聘成本，完成招聘目标	1 500 ~ 3 000元/月	

　　实际上，通过上述案例可以看出，产值量化薪酬模式的内涵为让人力资源管理人员为自己的薪酬而工作，工作越认真越努力，拿到的薪酬就会越高。在当下这个人力资源管理难度不断上升的时代，企业非常愿意为人力资源管理人员设计激励效果比较好的薪酬体系。一方面，可以使企业尽快解决新员工招聘难的问题；另一方面，可以帮助人力资源管理人员进一步优化工作。

第 12 章

展望并把握薪酬
管理的未来

随着经济的发展，企业的人才资源管理始终是一个巨大的挑战，其中，薪酬制度的完善对于企业中人才的选、用、育、留及整体的绩效都有着直接影响。

在各种基本薪酬福利体系完善的今天，传统的薪酬管理体系已经不足以吸引并留下一批又一批新生代员工了，而且员工的忠诚度在商业模式的运作下也慢慢削弱了很多。在当今互联网新时代下，企业及 HR 应该如何应对这一现状，如何更好地吸引、保留、激励人才呢？

12.1　薪酬管理呈现新特点

"薪酬"是职场上最吸引人眼球的话题之一，往往一旦某个行业的薪酬数据被揭秘，就会引起媒体和社交圈的广泛探讨和热议。随着经济形势的转变，作为企业重要制度之一的薪酬管理制度，也呈现出新的特点。企业及企业人力资源管理部门自然也要更加关注未来薪酬管理的发展趋势，以便把握住薪酬管理的新特点，更好地吸引、保留和发展核心员工，使企业战略和业务策略得到有效落实。

12.1.1　人工成本不断上升

近几年，随着物价上涨、新技术新行业冲击及劳动力结构的变化，人工成本正在不断上升。从企业的实践来看，人工成本正以每年 8％～ 10％ 的比例不断增长。

据统计，截至 2018 年 7 月 1 日，北京、上海、广东、山东、四川、辽宁、新疆、江西、西藏等 11 个省市上调了 2018 年最低工资标准。从调整的数据来看，上海市的月最低工资达 2 420 元，北京 2 120 元，广东 2 100 元。

最低工资标准不断上调意味着人力成本不断提高，这直接加重了企业的负担，而且很多问题也随之而来，调整薪酬或是减少福利，减员增效或是企业外迁等，都成为众多企业面临的难题。

如今，人工成本的上升主要体现在以下四个方面，如图 12-1 所示。

图 12-1　人工成本上升

1. 基础薪资增加

受贸易制度及通货膨胀的影响，各地区最低工资标准和平均工资标准每年都在上涨。以北京为例，近十年，除了个别的两年，北京市每年的社会平均工资以 10% 的比例增长，这导致企业的基础薪资基本上也都以 10% 以上的比例增长。

2. 法定福利额增长

基础薪资与社会平均工资的增加，导致企业给员工缴纳的社会保险、住房公积金额度也在等比例上涨。

3. 传统行业的薪资上涨

随着科学技术的发展，一些新兴行业，如互联网、人工智能、云计算等行业，由于这类人才短缺，为了增强竞争力，这些企业都通过不断提高薪酬水平来吸引人才，这就导致传统行业的优秀人才流入新兴行业，传统行业为了留住人才，也不得不提升薪酬水平。

4. 员工对于薪酬的预期增加

员工薪酬的实际购买力不断下降，导致员工对于薪酬增长的预期不断增加，这种预期对企业的员工激励产生了很大的影响。为了加强对优秀员工的激励作用，企业不得不提升薪资，最终导致人工成本不断上涨。

人工成本的不断上涨给企业的人力资源管理、经营管理都带来了较大的冲击。人工成本的不断上涨，一方面使人力资源的成本不断增加，企业在配置人力资源时，要更加注意精细化和节约化，尽量减少人力资源的使用；另一方面人工成本的上涨又导致企业成本的增加，进而缩小了企业的盈利空间，降低了企业的竞争能力。

面对这样的现状，如何从薪酬管理的角度，降低企业的人工成本？我们以某油田企业为例。

（1）制定合理的激励策略。企业要加强对人工成本控制思想的广泛宣传，提高各级员工对人工成本控制的认识，可以建立每层级约束机制，让人工费用发挥最佳效益。

根据国家规定，各种社会保险费用按照工资总额的16%计提，住房公积金费用按照人工成本总额的12%缴纳，所以，油田企业要让员工明白人工成本不只是员工的每月收入中的现金部分，而实际列入成本的人工费用是职工现金收入的2倍，从而促进员工树立人工成本控制的节约意识。

（2）将人工成本控制纳入油田企业的预算管理，统一预算各种人工成本，进行全成本的控制。企业要能保证人工成本的日常管理可以得到有制度地控制和操作，并将人工成本纳入变动费用中控制。

财务部门和劳资部门共同控制人工成本，对人工成本与同期任务进行对照评价和分析，同时建立人工成本财务预警制度，采取事前事中超前的控制方法，定期对人工成本进行分析。

（3）改进方法，引入人工成本弹性控制思路。硬性控制与弹性控制相结合，保持人均人工成本增长幅度低于人均企业增加值，确保人工成本的投入与产出效益的比例合理。

从投入产出的经济效益角度来看，人工成本的消耗必须与企业效益相一致，否则会加大企业的负担。

🈷 12.1.2　强调个性化、人性化、差异化

　　长期以来，薪酬分配在企业中一直属于较低层级的常规管理，薪酬设计与企业的战略缺乏内在联系。但随着企业的发展，薪酬已经成为企业战略决策的重要组成部分和实现企业目标的关键因素，逐渐发展成战略性薪酬。

　　战略性薪酬要求企业根据实际需要，具体设计、创新一种或几种最适合自己的薪酬制度，使现代薪酬设计具有个性化、人性化、差异化的新特征，主要表现在两个方面：一方面，企业按照自己的发展目标和战略、组织结构、员工的特点、行业和产品的性质，市场环境和竞争状况等因素设计薪酬制度，让企业的薪酬制度具有不同于其他企业的个性化特点；另一方面，企业应根据员工个人在需求、目标价值和相应行为上的差异，针对企业内不同类型的员工实施不同的薪酬策略，设计不同的薪酬方案，为企业量身定做不同的薪酬制度。

　　广东某公司是一家互联网公司，为了提高员工的积极性，留住和激励高级人才，更好地适应市场变化。公司很早就为营销人员、研发人员、经营管理者分别设计了符合其特点、满足其价值目标的不同薪酬方案，在固定工资以外给予销售提成、科技分红、期权激励等。除此之外，公司还为高级人才和普通员工设计了不同的薪酬方案，能者多得。同时还为有志向的员工提供更多的发展晋升机会，帮助他们实现个人价值。

　　针对员工的不同需求偏好，该公司在严格遵守国家法律法规和严格控制薪酬总预算的基础上，设计出不同比例和内容的薪酬形式组合，每个员工可在其薪酬预算范围内，自主选择能最大限度满足其需求偏好的组合薪酬。

　　比如，年轻员工可以选择现金收入较高的薪酬组合，双职工夫妇一方可以选择子女教育津贴较多的福利组合，另一方可以选择住房津贴较多的福利组合等。

　　从以上案例可以看出，薪酬管理的个性化、人性化和差异化具体表现为薪酬设计差异化、薪酬结构多元化、以人为本的薪酬管理、宽幅薪酬、弹性福利等方面上，如图 12-2 所示。

图 12-2　薪酬管理的个性化、人性化和差异化

　　在现代企业管理中，薪酬设计的差异化逐步成为一种主流。在进行差异化的薪酬设计时，企业要避免"一刀切"和"照搬照用"，大家一定要在深入认识薪酬体系后，然后再结合企业的实际情况，参照行业人才供给、竞争对手等综合因素，有针对性地设计薪酬体系。

　　随着薪酬内涵的不断扩大，对薪酬结构的要求也在不断变高，企业的薪酬结构更加多元化、多层次，为激励员工提供了更多可能。灵活的薪酬结构可以针对不同的职位类型单独进行设计。例如，将管理人员细分为初级、中级、高级，每一级别对应完全不同的薪酬结构，激励员工不断向上晋升的热情。

　　传统的薪酬管理通常都是由企业一方提出，但随着社会的发展，企业的成长越来越倚重优秀的人才，薪酬的作用并不仅限于保障员工生活，更多的价值在于激励员工、开发员工潜能，实现人力资源作为人力资本的价值，所以，"以人为本"的人性化薪酬管理受到越来越多企业和员工的认可。

　　薪酬管理差异化、多元化的另一个表现是宽幅薪酬。宽幅薪酬是指减少企业内薪酬的等级，各种职位等级的工资之间可以交叉。为了加强组织的灵活性，目前很多企业都在实行扁平化组织结构。宽幅薪酬打破了这种薪酬结构，使企业能更加灵活地进行薪酬管理，更加注重员工个人能力的发展与提高，为能力突出、业绩优秀的员工提供更为宽阔的薪酬空间。

　　弹性福利作为人性化、差异化的管理手段，被越来越多地用于企业的薪酬管理。弹性福利又称"个性化福利"，员工可以在企业提供的福利清单中自由选择和组合。弹性福利能更好地满足员工的需求，让企业在不增加投入的情况下，最大限度地提升员工的满意度，使员工感受到尊重，增强员工的参与感与归属感。

以上几种方式都能体现薪酬管理的个性化、差异化及人性化，企业可以根据自己的实际情况选择适合自己的方式，来不断完善薪酬制度，更好地进行薪酬管理，最终达到激励员工的目的。

12.1.3　员工流动导致透明化增加

对于薪酬是否要透明化的问题，目前依旧存在两种截然不同的看法：一种认为薪酬要公开，另一种认为薪酬须保密。支持方和反对方都各执一词，并且大家都找有非常可靠的理由来支撑自己的观点。虽然有一些企业，如联想，至今仍坚持薪酬保密制。但是，随着整个经济大环境的变化，国内外竞争加剧，"薪酬透明化"的呼声越来越高。

近几年，随着市场机制的不断深入，各行业的人才自由流动已经成为一个普遍现象，这种流动导致了企业之间薪酬管理的透明度增加，薪酬体系、薪酬水平、激励方法等不再能长期保密。

薪酬管理的透明化增加主要表现在几个方面。

（1）薪酬管理的创新传播很快。如果行业内有一个企业实行新的薪酬管理方法，其他企业很快就会知道，这种创新适用于哪些企业、哪种情况，行业内的人力资源管理人员很快就能摸透，竞争对手也会很快跟进并赶上。

（2）薪酬水平进一步透明化、趋同化。行业内某一职位的薪酬水平会受到企业的竞争水平的影响，人才流动加强了同行业企业薪酬水平的趋同化，薪酬结构等也越来越接近和透明。

（3）员工对于薪酬的透明化要求也在加强。员工在不同的企业间流动，对于企业的薪酬制度、薪酬水平、薪酬管理中的优劣都会形成自己的评判，有了不同的体验后，员工对于所在企业薪酬的透明化管理要求就会加强，甚至会更直接地对薪酬管理提出意见和建议。

薪酬保密是"保"不住的。俗话说，没有不透风的墙，这句话用在职场尤为适合。有些企业为了实施薪酬保密制度，严禁员工谈论薪酬。然而，在公司不谈不意味着在私下也不谈，小道消息的传播和员工之间的相互博弈使薪酬成为公开的秘密，所谓保密的优点，诸如避免员工相互攀比，减少员工间的纷争等也就无从谈起。既然保密薪酬起不到保密作用，不如直接使用透明薪酬。

　　既然薪酬透明化有存在的必要，但为什么现实中仍有很大一部分企业依旧采用薪酬保密制呢？原因有很多种，最根本的一点是这些企业没有完善的人力资源管理体系，不具备薪酬透明化的条件。

　　在某些前提条件的保证下，薪酬透明化才能真正体现"公平，公正，公开"，起到激励员工的作用。否则，公开薪酬只会适得其反。因此，企业在准备实行薪酬透明化时，最先要审视一下自己是否具备这些前提条件，如果不具备，就需要在这几个方面多做努力，如图 12-3 所示。

01　企业处于上升阶段

02　完善的绩效考核制度

图 12-3　企业薪酬透明化的前提条件

　　（1）企业处于上升阶段。东风汽车人力资源部长曾说过："要都对得上、状态良好，企业的内部管理才能运转良好。"薪酬体系是企业制度中重要的一项，它的良好运行需要与企业的发展战略紧密配合。当企业正处于上升阶段时，就需要一个相对更加公开的薪酬体质，加剧组织内部的竞争，让员工不断地提高自己，同时吸引外界的员工来到本企业。

　　但如果整体的组织与薪酬都处于保密状态时，员工就会彼此相安无事地相处，企业内部也缺乏竞争氛围。

　　（2）完善的绩效考核制度。如果绩效评估体系本身不科学，就会把不科学的因素引入到薪酬体系中。例如使做事多贡献大的员工收入与做事少贡献小的员工收入一样，那么公开薪酬就会导致员工不平衡心理增加，对公平性的改善有害无益。

　　企业中员工薪酬的高低在很大程度上取决于他们的绩效，同时这也是薪酬发挥激励效用的关键，因此，一个公平透明的薪酬制度首先要求有科学的绩效评估体系的支持。完善绩效考核制度实际上是对员工的工作能力、态度及技巧的评价过程。只有先把这件工作做好，薪酬制度才能得以公开。

随着薪酬管理的透明化，对于企业人力资源管理，尤其是薪酬管理方面，提出了更多的挑战，比如原有的薪酬保密制度很难执行、薪酬体系设计中要更注重员工的参与、薪酬水平要注意内部和外部的公平问题等。

🖋 12.1.4　薪酬与效益的关系越来越密切

企业聘请员工工作，按照一定的周期付给员工薪酬，其目的就是获得绩效，最后形成企业的效益和利润。因此薪酬与绩效之间有着密切的关系。薪酬虽然也有保障员工生活的作用，但企业毕竟是为了利益而存在的，从长期来看，薪酬管理及人力资源管理必须考虑员工利益与企业利益的一致，即薪酬必须与绩效挂钩、薪酬投入必须与企业效益产出挂钩，这样才能保证员工与企业的长期稳定发展。

在现实的企业管理中，绩效类的薪酬已经成为薪酬的主要组成部分，也是薪酬设计中的关键点之一。简单来说，绩效可以作为发放薪酬的参考，依据绩效制定薪酬，形成绩效薪酬体系。而绩效薪酬就是将效益和薪酬联系起来，以此来激励员工更好地工作。

广义上的绩效薪酬是指个人、团队或公司的业绩与薪酬有明确联系，薪酬依据个人、团队和企业业绩的变化具有灵活的弹性；狭义的理解是员工个人的行为和业绩与薪酬的联系，薪酬根据员工的行为表现和业绩进行相应的变化，员工能较大程度地控制自身的业绩和行为，因此，员工可以控制自己薪酬总量水平的高低，从而达到薪酬对员工业绩调控的目的。

将薪酬与绩效挂钩，有利于鼓励员工创造更多的效益，同时又不增加企业的固定成本，改进员工的工作能力、工作方法。但有可能对企业的团队合作精神的建立产生负面影响，同时还会因为过分关注短期绩效而忽视企业的长期绩效，不利于企业的长期发展。

除此之外，针对不同的职位、不同的级别、不同的岗位设计不同的绩效薪酬已经成为一种趋势，绩效薪酬有不断扩大比例的趋势。尤其是一些以激励性薪酬为主的职位，绩效薪酬占比非常高，如销售类职位等，有些企业甚至会采取零底薪的方式，全部薪酬都由绩效类薪酬构成。

绩效类薪酬也在逐步应用到一些技术性职位、职能服务性职位，包括团队绩效、企业整体绩效、个人项目绩效、个人服务绩效等。虽然在这些职位上绩效类薪酬不占重要比例，但其比例也呈不断增长的趋势。这说明，企业的发展要求员工不仅仅要关注个人利益，还要关注企业的整体效益，保持个人与企业利益的一致性。

但企业不能将员工的薪酬与绩效完全关联起来，如果企业将员工的薪酬与绩效完全关联起来，薪酬的多少完全由考核分数决定，那么在绩效管理体系并不完善的情况下，会产生很多负面的管理问题。

（1）加大人力部门的工作量，为了及时得出企业不同层级的绩效分数，企业管理成本和时间成本都会大幅度地增加。

（2）员工对绩效分数的关心超过对绩效本身的关心，员工会为考核分数的高低与上级争论不休，这很可能会加剧企业内部的不和谐，从而为企业带来负面影响。

（3）管理人员为加强管理，提高员工的满意度，平衡与员工的关系，也会将考核分数保持一个平衡，这样就导致考核失去它原来应该有的作用和意义，使绩效管理陷入困境。

如果反过来，将绩效与薪酬完全分离，也是不可行的。完全放弃绩效与薪酬的关联性，绩效管理就会成为空谈。员工对自己的职责斤斤计较，不利于公司的发展。

所以，企业要在绩效与薪酬间寻找一个合适的度，既能保证员工稳定的状态和基本的生活收入，也能激励员工。

·········· 12.2　薪酬管理的新趋势 ··········

本节将围绕新技术革命、新职业人、行业发展、国际化等因素，总结薪酬管理的新趋势，以及薪酬管理目前面临的越来越大的挑战。

人力成本的增加、薪酬成本的上升已经成为一种不可逆转的趋势。另外，随着经济的发展，企业面临的竞争不断加剧，企业的利润率也在逐步回归正常水平，薪酬管理所面临的最难解的课题，就是既要吸引人才、不断提升薪酬水平，又要控制成本、提高利润率。而想要解决这些难题与挑战，则需要企业先掌握薪酬管理的新趋势。

🖼 12.2.1　技术革命对薪酬管理产生冲击

薪酬管理面临的第一个大挑战就是技术革命对薪酬管理的冲击，这要求企业进一步提升薪酬管理的专业化程度。

云计算、大数据、物联网等新技术的发展与应用，不仅给我们的生活带来翻天覆地的变化，而且也对企业的管理工作带来很大的冲击，尤其是在人力资源管理与薪酬管理方面。

正如在前文中分享的很多企业管理实践，比如，薪酬结构复杂、薪酬个性化差异化、薪酬透明度增加等，这些都导致薪酬管理专业化程度不断增加。

技术革命对薪酬管理的冲击主要表现在两个方面，如图 12-4 所示。

图 12-4　技术革命对薪酬管理的冲击

1. 操作管理

技术革命对薪酬管理的冲击中，首当其冲受到冲击的就是操作管理这一项。在薪酬管理中，新技术如 E-HR 系统、云计算、大数据、移动互联等，不断融入薪酬管理的日常操作。

在实际的应用中，传统的薪酬管理技术已经遇到难以实施的问题，由于企业的职位内涵调整变化速度非常快，比如，传统的工作分析、工作评价等已经难以适应这种变化，往往出现规则一套、执行一套的现象。

这些传统薪酬管理技术的失效，要求薪酬管理人员不断适应并探索新的管理技术和方法，必须要更加专业，对企业管理、人力资源管理、薪酬管理有更全面的认识和理解，掌握新技术对薪酬管理的影响。

我们以 E-HR 为例，E-HR 系统已经普遍应用于企业之中，薪酬的日常核算、发放、查询、分析等工作已经转为由计算机系统操作，很多企业发放薪酬时，都通过网银直接进行转账，避免了发放现金和去银行办理的烦琐操作。而且通过系统和网络，现代企业可以轻松实现跨地域、跨法人的薪酬管理，员工也可以通过网络和内部系统反馈薪资上的问题，减少等待时间。

2. 薪酬管理理念

以移动互联网为代表的"互联网＋"的技术力量推动企业的生存环境发生了重大变化，但我们的管理模式与管理理念都远远滞后于环境的变化。

在技术革命的大环境下，只有及时转变管理理念，才能不断地改进、探索更新的专业技术与方法，因此，薪酬管理人员要不断研究这些新技术，理解它们的内涵，才能有针对性地进行薪酬管理。正如我们之前分析的薪酬管理的新特点，也体现了现代企业管理理念的转变。

这些新技术的应用对企业的薪酬管人员提出了更高的要求，不只是在一系列管理工具的组合、管理技术的使用上，更多的是思维方式的转变。谁先适应移动互联网时代的新技术、新环境，谁先在战略、组织、结构、文化等多个领域率先进行转型和变革，谁能重塑适应新环境的新管理体系，谁就能率先实现企业的转型。

例如，福特公司制造汽车的技术在当时的时代是领先的，但真正使福特公司遥遥领先于其他企业的是基于科学管理大幅度降低了薪酬成本，根本原因是福特公司顺应时代发展不断转变薪酬管理理念，不断完善薪酬管理体系。

🖋 12.2.2　与新职业人更加契合

之前，企业高层多是由"60 后"构成，"70 后"分布在企业中层，"85 后""90 后"占据大部分基层管理岗位及普通岗位。而如今，随着时代的发展，企业的员工越来越趋向年轻化，这也就代表着在一些新兴企业中，员工更加年轻化，也就是说，"85 后""90 后"这些新职业人在职场上越来越重要，正在逐渐替代"80 后"成为职场中的中坚力量。

我们经常听到一些管理者抱怨："现在的新职业人太懒散了，还缺乏稳定性，好不容易培养出来，转头就跳槽了。"

这也就衍生出一个问题，如何与这些新职业人相处？仅仅加薪、升职就可以吗？升职加薪固然是激励必不可少的手段和措施，但金钱和职位都是有限的，特别是如今我们的新职业人的关注点远不止这些。他们还重视薪资福利、工作氛围、个人的成长和发展空间等。

新职业人跟老一代员工的思想不一样，老一代员工思考的问题是能不能有稳定的工作，稳定的收入，而新职业人具有年轻、活跃、勇于接受新鲜事物、开放独立等优点，但又受到经济优越等成长环境的影响，他们存在职业观念多变、追求个人感受、职业心不强等问题。

因此，在他们成为企业的主流员工时，企业的薪酬管理必然受到很大的冲击，这就要求企业加强薪酬管理体系的建设，薪酬管理理念更符合新职业人的特点。

也就是说，传统的薪酬管理体系已经不能满足新职业人的需求了，企业给很高的工资，新职业人也不会觉得高，因为他更看重"参与感"和"价值感"，更想要的是他创造的价值有没有获得相应的回报。当下，多重薪酬管理模式已成为员工激励的热点话题，股权期权激励、事业合伙人、内部创业、个性化福利等机制更多地在企业人才的激励与保留中得到实践和应用，并取得了很好的效果。

无论是货币性薪酬，还是非货币性薪酬，最终目的都是激励员工更好地工作，为企业带来实际效益。所以，薪酬管理体系要紧紧围绕这两个分类不断更新。

原本具有激励作用的涨薪等对新职业人来说，效果并没有那么大，那么除了绩效薪酬，企业及管理人员还应该怎么做，才能够进一步加强薪酬管理与新职业人的契合度呢？

一是股权激励。给员工一定的股权，让他们成为企业股东，与企业共同分享利润。员工会因此产生主人翁意识，才会更加关注企业的运营、成本、产品、质量。在企业遇到困难时，也会与企业共同承担，风雨同舟。

二是个性化福利。新职业人的诉求发生了较大的变化，追求幸福的方式也更加直接，个性化需求日益增多，简单的五险一金的社会保障已经不能满足他们的个性化需要。公司提供班车、免费餐点、咖啡、健身房、洗浴室、午休室等，都已成为新职业人的基础需求及他们在朋友圈内炫耀的资本。你如果去看这些新职业人向往的企业，无论是腾讯，还是谷歌，都有非常好玩的工作体验场所。

总而言之，在互联网时代成长起来的年轻群体，他们更重视"存在感"和"价值感"，因此，股权激励、各种即时奖励和员工关怀更能够激发新职业人的工作热情。这种持续的激励政策和人才培养，能传递企业文化，吸引、激励人才。

除此之外，薪酬的人性化、个性化选择、透明度等方面，也正在逐渐成为薪酬管理的新方向，新职业人对公平感的追求将会推动薪酬战略、薪酬理念的整体性调整，这些将对以新职业人为员工主体的新技术、新型企业的薪酬管理产生非常重要的影响。

🖼 12.2.3　行业发展改变薪酬管理

如今，随着云计算、人工智能等新技术的发展，越来越多的高新技术等知识型企业被催生出来，逐渐形成新的行业。与传统行业相比，这些新行业的人才流动更加频繁，人才稀缺性更高，员工年轻化趋势更明显。

企业在进行薪酬管理时，应根据行业特点来决定。传统行业与新技术催生出来的高新技术存在较大的行业差异，这必然会在薪酬上有所体现。

不同行业技术含量、员工的比例、人均资本占有量、产业集群程度等因素都不一样，薪酬制度与薪酬水平就存在较大差异。产业集群提高了产业分化和协作的程度，提高了集群内部企业的专业化水平，推动生产效率和协同效率的改善，为企业薪酬水平的提高创造了效率基础。

高新技术企业属于知识密集、技术密集型企业，主要依赖人才及其掌握的知识与技能，和传统产业的最大区别就是它建立在知识的基础上，集技术、智力、信息、知识等高级生产要素为一体。

从高新技术企业人员构成上看，从事技术研究和产品开发设计的科技人员在企业员工总数中有较高比例，据统计，高新技术企业中具有工程和科学学位的人员，占员工总数的 40% ～ 60%，相当于传统产业部门的 5 倍。

从这就能看出新型行业对于专业人才的需求是非常强烈的，很多高新企业都不惜重金从传统行业、学校或者海外引进核心人才，这使专业接近的传统行业不可避免地受到新型行业的冲击，因此，传统行业不得不调整自己的薪酬体系和薪酬水平，以避免核心人才的外流。

此外，近几年，行业的发展与变化非常快，新型行业中又不断涌现出更多的细分行业，不断地冲击传统行业的发展，但这也促进了传统行业的业务转型，人才的融合与竞争加剧。传统行业需要通过改变薪酬策略、调整薪酬结构，重新制定薪酬制度等方式，引导人才的吐故纳新。

由于高新技术行业具有高知识层次人才和高新技术等特点，高新技术行业的薪酬管理模式与传统的大不相同，高新技术行业多采用基于技能的薪酬模式设计，即实施能力薪酬制度。实施能力薪酬制度需要以下几个条件。

（1）制定科学的任职资格体系。能力薪酬制度基于员工知识和技能的薪酬模式，企业要先制定出符合自身特点的任职资格体系。任职资格体系要根据性质对所有职位分类，并建立相应的能力级别和标准。

（2）有具有针对性的培训体系。员工报酬是员工工作能力的表现，企业必须根据任职资格体系的内容和标准，针对不同的岗位及同一岗位不同任职资格等级，开发出具有针对性的课程，帮助员工提高自己的能力。

（3）建立具有弹性的组织结构。企业要建立灵活弹性的组织结构，合理调配员工，使员工能运用所学的新知识、新技能，提高员工学习的兴趣和信心，企业最终也能从中受益。

12.2.4　接轨国际，优化转型

随着中国经济实力的增强，很多企业的发展脚步不断加快，国际化成为一种趋势，更是一种现实，包括在海外上市、股权引入外资、拓展海外有业务等。企业业务的国际化发展必然会促进企业的管理与人才的国际化发展。在国际化过程中，薪酬管理模式和管理技术也通过各种传播载体在全球范围内传播，并和不同国家的薪酬管理理念、模式相互交流、碰撞，最后相互融合、发展与应用。

国际化主要通过以下因素来影响薪酬管理的理念、制度和技术的变迁，如图 12-5 所示。

| 全球经济一体化对薪酬管理的影响 |
| 跨国公司的跨国经营对薪酬管理的影响 |
| 咨询公司的国际化发展对薪酬管理的影响 |

图 12-5　国际化如何影响薪酬管理的理念、制度和技术的变迁

1. 全球经济一体化对薪酬管理的影响

国际化最主要的特征是经济发展的全球化和一体化，企业面对的经济环境已经不再是一个国家或是一个地区，而是整个世界。员工的工作环境也发生了巨大的变化，这就要求我们必须用国际化的思维、标准来进行国际化运作。

2. 跨国公司的跨国经营对薪酬管理的影响

跨国公司在世界范围内经营和发展。在经营过程中，跨国公司不仅带来了母国的资本、技术和商品，同时还带来了企业的管理理念与方法。

比如，美国通用电气公司在中国设立了分公司，除了要在中国本土雇用中国的员工，还要从美国派大量人员来中国工作。美国通用电气这样跨国公司对人力资源的管理实行的是美国模式，在人员甄选、激励等管理方面都按照美国的模式。

3. 咨询公司的国际化发展对薪酬管理的影响

在国际化背景下，发达国家的咨询公司的业务迅速扩展到国际范围。咨询公司在为中国的企业提供咨询时，多数把本国的经营管理经验和当地的实际结合起来。

越来越多的企业委托专业的薪酬管理顾问公司进行职位分析、职位评估及薪酬调查，以制定更合适的薪酬战略，还有的企业甚至采用薪酬外包设计。

国际化不仅为中国企业带来了薪酬管理理念上的变革，同时也带来了薪酬管理技术上的创新。

1. 国际化带来我国薪酬管理理念与制度的变革

经济全球化使得企业面临的竞争日趋激烈，也使得世界范围内的先进管理理念和技术共享成为可能。我国企业在更大范围参与到国际竞争中时，深刻地感受到巨大的竞争压力，迫使他们不得不高度关注员工的绩效及对员工的激励问题。

国外公司的薪酬管理理念、模式、经验和技术，既对我国企业产生了巨大的冲击，也为我国企业解决自身问题提供了现实蓝本。比如，职位薪酬、绩效薪酬、技能或能力薪酬、股票期权、员工持股等薪酬理念和管理模式，对我国企业薪酬制度的变迁起到了巨大的推动作用，加速了企业薪酬的规范化、专业化管理进程。

总之，随着企业的国际化发展，我国薪酬制度设计从过去追求大一统向多样化、弹性化、个性化发展，从过去注重生产员工向更加重视科研开发人员、市场销售人员、管理人员，特别是高层管理人员的薪酬设计发展。

2. 国际化带来我国薪酬管理技术的创新

在国际化背景下，我国薪酬管理技术也得到创新和提高，并逐步跟上世界主流的薪酬管理趋势。比如，我国企业竞相采用以职位为基础的薪酬制度，它能满足企业管理市场化、规范化和国际化的要求。

我国企业过去实行的奖金和计件工资制都属于绩效薪酬，然而，由于设计存在问题，考核机制不健全，绩效薪酬失去了应有的激励功能。但是，随着企业的国际化发展，我国的绩效薪酬日益完善，引入可变薪酬的理念，提高了可变薪酬的比重，并加强了绩效管理与企业薪酬战略的联系，探索出灵活多样的适合自身发展战略的各种形式。

薪酬管理是国际化人力资源管理中难点较多的模块，企业在国际化发展的过程中，要不断学习国际上先进的薪酬管理理念以及方法，不断与国际接轨，进行优化转型。

:: 12.3 人力资源管理人员如何把握薪酬管理的未来 ::

作为人力资源管理体系最为重要的组成部分，薪酬管理是企业高层管理者及所有员工最为关注的内容。它直接关系到企业人力资源管理的成效，灵活有效的薪酬制度对激励员工和保持员工稳定性具有重要作用。

因此，人力资源管理人员要紧紧抓住不断发展变化的薪酬管理的新趋势与特点，把握薪酬管理的未来。

12.3.1 转变薪酬管理的理念

把握薪酬管理的未来首先要转变薪酬管理的理念，不断创新管理理念。

在经济全球化的今天，企业内外经营环境面临的挑战与变化日益增多，薪酬成为企业经营成功的战略条件。那么，人力资源管理人员如何转变薪酬管理的理念并进行创新？如图 12-6 所示。

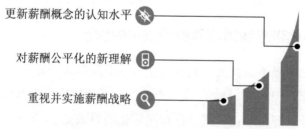

更新薪酬概念的认知水平

对薪酬公平化的新理解

重视并实施薪酬战略

图 12-6　HR 如何转变薪酬管理的理念并进行创新

1. 更新薪酬概念的认知水平，转变思想，树立现代化管理理念

传统的薪酬理论关注的重点是直接经济的报酬，特别是货币工资，薪酬是一种生产费用与资本形式，能为投资者带来收入；同时，薪酬作为员工工作的报酬，能促使员工尽最大努力工作并保持干劲。

薪酬管理质量的高低决定了员工工作积极性的高低。传统企业管理理念将报酬作为唯一的员工激励手段，随着企业性质和管理模式的变革，员工报酬的成分发生了根本性变化，间接经济报酬和非经济报酬的部分越来越重要，与物质报酬完全不同的精神薪酬，也成为焦点。

加强薪酬管理不仅转变了原有管理思想、管理观念，同时也是现代理念对薪酬管理进行系统化分析、设计及决策的过程。

企业应脱离传统薪酬管理理念的束缚，形成一种全新的、符合新经济发展态势的良性管理理念。只有在科学、高效、现代化管理理念的带领下，才能实现企业的薪酬管理与长远发展战略规划目标的融合，管理推动企业战略目标才能得以实施。

因此，企业的人力资源管理人员及相关部门应根据企业的实际，探索一套新的、符合新经济发展趋势的薪酬管理模式，促进薪酬管理的现代化。

比如，一些企业注重利用薪酬和福利管理挖掘员工内在价值和创造潜力。将员工的培训和开发投入与薪酬管理相结合，增加带薪休假制度，以各种形式让员工持有企业的股份，使员工的工作更具有挑战性、成就感和责任感，为员工创造舒适的工作条件和灵活的工作时间等。

2. 对薪酬公平化的新理解

薪酬管理中争论的焦点之一是公平付薪，因为合理而公平的劳动报酬可以充分调动大多数员工的积极性，减少劳资纠纷。

传统的薪酬管理理念将公平的概念绝对化，并将其等同于平等，这加剧了人力资源管理人员工作的难度，也更容易导致劳资争议。但是，近几年，出现了一个与薪酬公平化相关的概念，叫作"可比性价值"，这是对传统的同工同酬概念的进一步发展，也是薪酬内涵深化的表现。这一概念将公平化建立在更加宽大的基础上，引导人们不再将报酬公平与否的判断标准放在内在相对相同职位上，薪酬公平化体现在对相似职位的工作评价上，使得企业的薪酬管理更为灵活和现实。

3. 重视并实施薪酬战略

在每一个企业的发展过程中，薪酬管理理念不同的特点都能体现出来，所以，从实际出发是企业非常重要的一个原则，其中，薪酬体系、薪酬管理现状和薪酬管理理念都要立足于当前的企业现实情况。

但是，以经济薪酬为主的薪酬体系仍然存在于很多传统的企业中，这种传统的薪酬方式会阻碍现代企业的发展，不符合如今全面薪酬管理的发展方向。内在薪酬和外在薪酬都是全面薪酬的形式，如今的企业应将这两种形式充分结合起来，从而达到更好的薪酬策略。

在企业的发展过程中，薪酬管理占据着举足轻重的地位，人力资源管理人员要不断提高自身的专业知识，立足于企业的发展目标，不断改革创新，转变管理理念，制定合理的薪酬管理制度，以实现企业的战略目标，发挥人力资源在企业发展过程中的优势。

12.3.2　保持对新技术的高敏感度

一般情况下，企业人力资源管理人员的核心工作围绕人力资源规划、薪酬福利管理等六大模块，保证人力资源管理的良性运作，为企业战略目标的最终实现提供助力，但随着新技术的不断发展，人力资源管理人员的工作"重心"受到这些技术的影响，转向进行烦琐的数据处理。

据调查，人力资源管理人员大部分工作时间都用于处理考勤数据、绩效数据等庞大的薪酬单据，而计算的准确性、及时性等潜在风险也给企业人力资源管理带来隐患。

如何将新技术与薪酬管理相结合成为人力资源管理人员亟待解决的难题，这要求人力资源管理人员要保持对新技术的高敏感度，能及时应用新技术。

以易才集团为例，近年来，中国人力资源外包成为很多企业的首选，基于云计算等新技术的人力资源服务也逐渐成为人力资源行业的发展趋势。早在 2011 年，易才集团就推出薪酬技术云服务平台"易得薪"，提出"互联网技术＋人力资源专业服务"的外包服务模式，借助云计算等新技术，打造人力资源智慧服务平台。

通过易才集团的技术研发团队、全国性的服务网络及持续积累的业务实践，通过"线上对接线下，技术整合服务"的方式，帮助企业实现及时、准确、人性化的薪酬管理服务。

易得薪拥有专家、数据及技术三大领域的权威支持，具备安全技术、可视化、一站式三大优势，具有工资自动化处理、工资电子化支付、社保及福利管理、报表管理、个人所得税管理五大功能，能有效化解企业人力资源管理的技术难题。

随着新技术的进一步发展，易得薪也在进行服务升级，在原有的优势和功能的基础上，又新增了三大支持，即权威的专家团队、权威的数据支持和权威的技术平台。易才集团和专业的第三方人力资源研究机构、管理咨询机构合作，不断深入研究和探索薪酬管理领域的客户需求、管理挑战、管理趋势等，保持自己在行业的权威性和先进性。

技术升级后，"易得薪"可以根据各地的实时政策，自动调整各项社保比例，保证数据的准确性，同时为客户免费提供年度薪酬报告。易才集团还与SAP公司达成了全面战略合作，依托SAP先进的云计算服务，实现"互联网技术＋人力资源专业服务"的外包服务模式，打造快捷、高效、准确与安全的易才集团"薪酬云"服务。

升级后的"易得薪"立足于新技术，全面满足大、中、小型不同规模企业在薪酬管理方面对业务管理和运营管理的需求。

目前，中国人力资源服务企业正向市场化、规范化、国际化方向发展，而基于云计算等新技术的人力资源服务也成为人力资源行业发展趋势。而易才集团正是凭借其对于新技术的高度敏感性，成为较早将新技术与薪酬管理深度融合的企业代表。

12.3.3　进一步提升自身专业性

如果企业战略是企业生存发展的生命线，那么薪酬管理就是企业战略中的一个非常重要的链条。如何引入更加科学、合理、可行的薪酬模式，探索薪酬管理的出路，成为摆在人力资源管理人员面前的一个重要课题。

人力资源管理人员与其他岗位一样，要让自己值钱，才能体现自己的价值。那么，人力资源管理人员应该如何变得值钱有价值？最主要的是进一步提升自己的专业性。

薪酬管理对专业技能的要求较高，如果人力资源管理人员的深度不够，就需要在这一方面精耕细作。薪酬管理绝不只是做工资表，算考勤，将各种数据导入计算机这么简单，有很多值得深入研究的部分，尤其是如今薪酬管理受到大环境的影响，内涵越来越丰富。这就对人力资源管理人员的专业能力提出了更高的要求，人力资源管理人员只有不断提升自己的能力，才能成为这个领域的专家。

利用薪酬知识，支持并参与其他人力资源管理人员模块的工作。薪酬模块是人力资源中的一个重要模块，它与其他模块息息相关，比如招聘或员工关系的"入离调转"，人力资源管理人员将这些模块联系在一起，可以从中得到薪酬调整的依据和标准，增加自己的复合能力。

掌握劳动法，给薪酬系上安全带。薪酬经常会涉及一些劳资纠纷，比如，劳动赔偿金，病假、产假等。人力资源管理人员掌握合理、高明的薪酬拆分技能，一方面在符合劳动法的前提下，降低赔偿金额，减少一些可避免的支出，另一方面也维护企业利益，给企业劳资纠纷系上安全带，减少损失。

除此之外，还要明确目前薪酬管理存在的弊端，不要高估作为一种独立系统存在的薪酬的作用。薪酬管理属于企业人力资源管理的一个末端环节，它处于一系列人力资源管理职能之后，在职位分析与评价及绩效管理等完成之后才能得到的结果。薪酬系统本身所规定的分配方式、分配规则及最终的分配结果，会反过来对员工价值创造的过程产生影响。

目前，我国有相当一部分企业的人力资源管理人员将薪酬当作对员工进行激励的唯一手段或者最重要的手段，相信"只要工资高，一切都好办"，比如，更容易招聘到一流的员工，员工更不容易离职，更便于向员工施加工作压力等。

实际上薪酬是一种保健因素而非激励因素。高的薪酬水平会保证员工不产生不满感，但并不能让员工产生满意感。事实上，有很多员工，尤其是受教育水平较高的人，为了发挥个人能力，寻求适合自己的企业文化和领导风格，更愿意辞去高薪酬的工作。

人力资源管理人员还要建立合理的薪酬结构，不断完善基本薪酬设计。很多企业的工资表上有多达五六项、七八项甚至十几项的工资构成，看上去非常复杂。这就是因为许多人力资源管理人员的薪酬体系设计依旧是一种机械式的设计思路，认为薪酬中应当体现某种因素，比如，岗位的重要性、技能水平的要求高低、最低生活费用等，这种因素都必须在薪酬结构中单独占据一个板块。

实际上，很多时候，薪酬构成被划分得越是详细，员工的薪酬水平差异就越难以得到合理的体现，员工既不清楚决定自己的工资与他人的差异的原因，也不清楚自己怎样才能够通过个人的努力来增加薪酬收入。

当前，我国许多企业的薪酬制度在逐渐变得完善合理，人力资源管理人员也在大环境的推动下，不断提高自己的个人能力。

参考文献

[1] 文跃然. 薪酬管理原理 [M]. 上海：复旦大学出版社，2013.

[2] 宗维. 企业管理人员薪酬现状、需求与对策分析 [D]. 天津大学，2010.

[3] 周仁俊，杨战兵，李勇. 管理层薪酬结构的激励效果研究 [J]. 中国管理科学，
     2011，19（1）：185-192.

[4] 王新，毛慧贞，李彦霖. 经理人权力、薪酬结构与企业业绩 [J]. 南开管理评论，
     2015，18（1）：130-140.

[5] 刘爱军. 8 种常见的基本工资制度的比较 [J]. 人才资源开发，2006（1）：23-25.

[6] 谢新伟，龙天. 我国事业单位现行基本工资制度存在的问题及改进思考 [J]. 人力资
     源管理，2014（6）：83-84.

[7] 钱雪亚，肖青青. 工作条件、工资补偿与劳动力市场城乡分割测量 [J]. 统计研究，
     2015，32（8）：37-45.

[8] 胡玉明. 企业激励薪酬契约研究：问题与出路 [J]. 财会通讯，2013（19）7：6-10.

[9] 杨东涛，朱武生. 激励性薪酬体系设计 [J]. 中国人力资源开发，2001（7）：9-13.

[10] 方妙英. 职位薪酬体系的设计实例 [J]. 企业管理，2008（4）：56-58.

[11] 朱虹. 浅议确立绩效薪酬体系 [J]. 甘肃科技纵横，2005，34（6）：79.

[12] 亓永静. 国有上市公司高管薪酬调控机制研究 [D]. 西南大学，2010.

[13] 马小丽. 加强企业管理者薪酬调控 提高信息透明度 [J]. 先锋队，2014（29）：18.